巨大災害時代

災害列島日本の危機

地震・津波・火山・異常気象・原発リスクにどう備えるか

一級建築士・技術士
佐川嘉久

イマジン出版

はじめに

内閣府直轄の中央防災会議は東海、東南海、南海の3つの地震帯が連動して発生する「南海トラフ巨大地震」による津波被害想定について驚くべき数字を公表した。

「南海トラフ」とは静岡県の駿河湾から九州沖にかけて連なる水深4000メートル級の海溝のことだが、今回想定された地震の規模はマグニチュード9・1、30年以内に70％の確率で起こるというものだった。恐るべきは津波高である。最大は高知県土佐清水市と黒潮町の34メートル、東京都新島村と静岡県下田市の最大31メートルを始め太平洋岸の各都市は10〜20メートルの巨大津波に軒並み襲われるという壮絶極まりない想定になっている。

想定死亡・行方不明者数32万人、全壊・焼失棟数238万棟、避難者数950万人、総被害額220兆という途方もない被害規模で、東日本大震災の10数倍という巨大さである。この南海トラフ地震が現実に起こったら、日本は事実上国家崩壊に近い大パニックに陥ることは間違いない。

さらに、もうひとつの「首都直下巨大地震」も驚愕の数字が公表された。発生確率は共に30年以内70パーセントだが、首都東京をマグニチュード7、震度6強〜7クラスの激震が襲うというショッキングなもので、万一にも発生したら地獄絵そのものの大パニックが現実になるに違いない。

恐るべきは環七、環八沿いの木造密集地域の火災である。建物の全壊・全焼はおよそ61万棟、東京中心部は周辺の大火に包囲された帰宅困難者で埋まり、火災旋風に逃げ惑う人々で大混乱になると予想される。

死者は首都圏全体でおよそ2万3000人、避難者は720万人、帰宅困難者は800万人、経済被害は

95兆円と発表されている。

さらに、首都機能を麻痺させ驚愕の生活難を招くもうひとつの大きな自然災害が密かに迫っていることをご存知だろうか。それは「富士山噴火」である。過去にも宝永地震に連動して宝永噴火が起こったように巨大地震に触発されて大噴火が起こる可能性は極めて高いのである。

にわかに信じがたい話だがすでに24時間長期警戒体制に入っており、地元市町村はもとより、神奈川、東京、千葉、埼玉方面は降灰による甚大な被害が予想されている。

そして、近年とみに顕著になっているのが、地球温暖化に伴う気象異変である。おそらく国民の誰もが感じているであろう真夏の気温上昇、真冬の豪雪、これまでに経験したことのないゲリラ豪雨や土砂災害などによって被害者が激増している点に注目しなければならない。

さらに、突然ひょうが降り積もる、突風、竜巻が街を襲う、スーパー台風が列島を縦断して農作物を薙ぎ倒し洪水で家々が壊され、多くの人たちの命を奪っていく。

世界中でこのような異常気象が起こっているにもかかわらず元凶であるCO2の削減、即ち、低炭素社会の実現はその兆しすら見えていないのが現状である。

加えて、福島第1原発事故問題がある。「核の平和利用」というキャッチフレーズにのせられていつの間にか世界第3位の原発大国になっていた日本。誰もが福島であのような事故が起こるとは思っていなかったに違いない。

だが、事故は起きた。そして、多くの人たちは着の身着のままで避難を余儀なくし、いまだに戻れない避難民が仮設住宅や県内外で厳しい生活を送っている。

福島原発は廃炉が決定し汚染水対策に明け暮れているが、1~3号機内にはメルトダウンした核燃料「デブリ」が存在している。その取り出しには超危険な作業が伴うのだ。

今後40年かけて廃炉作業を行うというが、その間に再び大事故が起こらない保証はないのである。そして、いま周辺エリアでは除染作業で出た汚染廃棄物2800万立方メートルの中間貯蔵、最終処理に苦しんでいる。


このように、わが国を取り巻く大災害の危険度は否応にも高まっている。

本書は、意図的に危機感を煽るためではなく、明日にも起こるかも知れないこれらの大災害から「命や家族を守るため」、ハード面での「防災・減災」対策、ソフト面での「自助・共助」のあり方を考えて頂くためのものである。そして、子供たちの未来に思いを馳せながらお互いに知恵を出し合うきっかけになることを期待したものであることを申し述べておきたい。

目次

第1部　巨大地震・津波編

第1章　繰返される大地震

世界一危険な国・日本

穏やかな時はこれほど美しく自然環境と景観に恵まれた山紫水明の国はない。

だが、この美しい国も１９９５年1月の「阪神淡路大震災」、２０１１年3月の「東日本大震災」と「ふくしま原発事故」以降、「世界一災害の危険度が高い国」に評価が変わった。

わが国は、地球全土の僅か０・５％にも満たない小さな島国だが、世界中で起こったマグニチュード6以上の地震の２０％が日本の領土領海内で発生している。

とくに、東北から関東までの多くの太平洋沿岸都市、港湾を壊滅させた東日本大震災は地震、火山列島に住み自然環境との共生が運命づけられているわが国民に、人智を超えた自然災害の恐ろしさを知らしめた。

もとより日本列島は四周を海に囲まれた山岳、海洋国家である。長年に亘り海辺や川沿いの僅かな平地に街を築き、度重なる自然災害に耐えながら今日に至った経緯がある。

だが、何をもって世界有数の「危険な国」と見られるようになったかである。

その要因の多くは、地球を覆う厚さ数十キロから百キロに及ぶ岩盤、いわゆる「プレート」の配置と動きにあるといっていいだろう。

日本列島は、ほぼ北半分が北アメリカプレート、南半分がユーラシアプレートに載っており、これに太平洋側から西に向かって太平洋プレートとフィリピン海プレートが年間およそ8～１０センチのスピードで押し寄せ、日本列島の載るプレートの下に潜り込んでいる。

その際、陸側プレートの先端を巻き込みながら沈んでいく。その溝こそが東日本大震災を生み出した日本海溝であり、駿河湾から九州に連なる「南海トラフ」と呼ばれる海溝である。

図１　南海トラフ

駿河湾から四国、九州沖まで延びる海底の溝。

（出典）気象庁

この時に両プレートの境界に「ひずみ」が蓄積し、これが限界に達した時にプレートの先端が跳ね上がり、大規模な崩壊が起こって巨大な地震と共に津波を発生させる。

日本列島はたまたまこのような４つのプレートがひきしめ合う境界エリアに存在している。これが大地震多発の一つの要因になっている。

そして、最も身近なところで発生するのがこれらのプレート内で起きる「断層型地震」である。

「活断層」とは、過去に地震を起こしたことのある断層で、将来も地震を引き起こす可能性の高いものをいう。この断層型地震の近年の例としては１９９５年１月１７日に起こった阪神淡路大震災や２００４年１０月２３日の新潟県中越地震などがある。

さらに恐ろしいのは火山活動によって発生する「火山性地震」だ。通常の地震と違って突然本震が襲ってくる点が特徴としてあげられる。２０００年に新島、神津島、三宅島の近海でＭ６の地震が発生し、その直後に三宅島で噴火が起きている。

わが国には、この３つのタイプの地震がすべて揃っており、巨大地震がいつどこで発生してもおかしくない状況を呈している。

そして、列島のどこかで巨大地震や津波が発生するかも知れないという恐怖感がすべての国民の脳裡に焼き付いている。

だが、災害の危険はこれだけではない。

毎年日本列島を直撃する巨大台風だ。１９４５年９月、九州に上陸した枕崎台風は死者２４７３人、行方不明者１２８３人を出し、家屋損壊およそ９万棟、家屋浸水２７万４千棟という途方もない被害を生んだ。その後、関東、東北地方に甚大な被害をもたらした１９４７年のカスリーン台風、１９５４年には青函連絡船洞爺丸が遭難した洞爺丸台風、１９５９年には死者４６９７人、行方不明４０１人、家屋全半壊１５万４千棟という大被害を出した伊勢湾台風などに代表される巨大台風が毎年日本を直撃して激甚災害を引き起こしている。

洪水に呑まれる市街地、山岳国家特有の巨大土石流を始めとする土砂災害もまた毎年数多く発生して多くの生命財産を奪っている。

最近では２０１３年夏の伊豆大島元町地区で発生した土石流がある。多くの家屋損失はもとより、３６名の犠牲者と3名の行方不明者を出した災害は記憶に新しい。そして、２０１４年夏の広島市における土石流である。７４名もの尊い命を奪い去った。

加えて、地球規模で起こっている異常気象問題がある。アメリカではハリケーンや竜巻発生数の増加と巨大化が進んでこれまでにない大被害が起こっている。わが国でも局地的集中豪雨が全国のいたるところで発生して洪水や土石流を引き起し、人々を苦しめる回数が激増している。

また、突然に突風や竜巻が発生、あっという間に多くの建物を破壊し人々に危害を加えるという災害も増大した。

そして、雪害の発生である。北陸、東北、北海道の豪雪はもとより、２０１４年2月の山梨県を中心とする関東エリアの記録的豪雪で多くの車輛が幹線道路に数日間立往生したり、多数の集落が１０日間近くも閉じ込められるといったこれまでに経験したことのない事態が発生した。

なぜこのような気象異変が頻発するようになったのだろうか。

その最大要因が「地球温暖化」に伴う生態系の変化によることは明白だが、温暖化の原因は言うまでもなくエネルギー源としての石炭、石油などの化石燃料によることははっきりしている。

「ＣＯ2を減らせ」これが世界の潮流だが一向に減る様子はない。中国、インドを中心に発生しているＰＭ２・５は自然が人類に発した警告なのだが、このように自然災害と人災が相乗して、より「危険」な国になりつつあるのがわが日本国なのである。

繰り返される大災害

日本は地震の活動期に入ったといわれる。

政府の地震調査機関や民間の研究機関はM9を計測した2011年3月の東日本大震災以降、再び日本列島を巨大地震が襲う確率が高まったとして、とくに警戒が必要な「南海トラフ巨大地震」と「首都直下巨大地震」の発生予測を公表した。

いずれの地震が発生しても、わが国の存亡にかかわる大被害が予想されており、ひたすら発生しないことを願う以外にはないのだが、東日本大震災の教訓に沿って最大限の防災減災対策を講じ、被害を最小限に止める工夫を凝らしておく必要がある。

過去にも多くの巨大地震と津波による大被害が発生しており、日本の歴史は自然災害との戦いの歴史に彩られていたといっても過言ではない。

最も古い記憶によれば今から1144年前の869年、貞観11年5月貞観地震が陸奥の国を襲い、「富士山」が噴火、溶岩流で今の青木ケ原樹海ができ関東一円に大きな被害と大混乱を巻き起こしている。人々の多くは家の崩壊や地割れで生き埋めになり、海は雷のように唸って荒れ狂い多くの人々を飲み込んだといわれる。しかし、貞観地震は序章に過ぎずその後震源域は関東から西日本に移動し、列島は地震に揺れ続けたといわれる。

貞観地震は現在の宮城県の太平洋沿岸が震源である。これを東日本大震災に置き換えればまさに関東から東海、近畿、西日本に伸びる首都直下、南海トラフ震源域に直結する流れになる。

これまでの主な大地震（Ｍはマグニチュード）

８６９年　貞観地震（陸奥の国）

８７８年　関東地震（相模、武蔵の国）

８８１年　平安京地震（京都）

８８７年　西日本地震（大阪湾に津波襲来）

１４９８年　明応地震（Ｍ８・２）

１６０７年　慶長地震（Ｍ７・９、死者２５００人）

１７０７年　宝永地震（Ｍ８・６、死者５０４９人、この４９日後に富士山で宝永噴火始まる）

１８５３年　安政南海・東南海地震（Ｍ８・４、死者２６５８人）

１８９６年　明治三陸地震・津波（死者２１９５９人）

１９２３年　関東大震災（Ｍ７・９、火災による焼失家屋４４万７０００戸、焼死者 およそ１０万人）

１９３３年　昭和三陸地震・津波（死者不明者３０６４人）

１９４４年　東南海地震（Ｍ７・９、死者１２５１人）

１９４６年　南海地震（Ｍ８・０、死者１３３０人）

１９４８年　福井地震（Ｍ７・１、死者３７６９人、家屋全半壊４万８０００棟）

１９９５年　阪神・淡路大地震（Ｍ７・３、死者不明者６４３４人、家屋全半壊　２４９１７８戸）

２００４年　新潟県中越地震（Ｍ６・８、死者６８人、家屋全壊３１７５戸）

２０１１年　東日本大震災（Ｍ９、死者、不明者およそ１万８５００人余、家屋全半壊、一部損壊、１１６万８５

００戸）

以上である。

とくに、東日本大震災後マグニチュード5レベルの地震は、これまで年平均１３～１８回程度だったものが、２年間平均で約5倍前後に増加し列島全体の地殻活動が極めて活発化したことを裏付けた。

但し、Ｍ３～４レベルの地震であっても数多く発生することで大規模地震を誘発したり、地盤のゆるみをもたらし、地震に限らず台風やゲリラ豪雨時に土砂崩れ、道路やライフライン破壊などの不測の事態を招く可能性が高まる。

「防災」とは、このような「不測の事態」に常日頃から備えること、であり「命」を守るために人智を尽くすことをいう。とくに、大震災の場合、例えば阪神淡路大震災では犠牲者の８４％が建造物の崩壊による圧死、関東大震災では８７％が焼死、そして、東日本大震災では９０％が津波による水死というように、それぞれの立地条件や環境によって「備え」にも差異は生じるが、基本はあくまでも「人命第一」にあることを忘れてはならない。

阪神淡路大震災に学ぶ

１９９５年1月１７日の朝早くに震度7の大地震が淡路島北部から神戸市の中心部で発生、テレビに映し出されたそのショッキングな映像は地獄絵図そのもの、今も昨日のように脳裡に焼き付いて離れることはない。

長田区では木造住宅密集地域を中心に地震直後から火災が発生、次々に延焼して須磨区東部から兵庫区にかけて６４３４名もの死者、不明者を出した。

この地震で、１９８１年以前の旧建築基準法（旧耐震基準）に基づく古い鉄筋コンクリートビルの多くが倒壊若しくは破損、とくに、崩れた家屋や倒れた家具などの下敷きになって多くの死者、負傷者を出した。

死亡者の８４％が家屋崩壊等による圧死だったのである。

その後、神戸市内の２０数か所で火災が発生、次々に延焼して甚大な被害をもたらし、木造家屋等の全半壊が実に２５万戸に及び市街地のほぼ全域が焼け落ちた。

そして、強烈な印象を残したのが横倒しになった阪神高速道路の高架橋である。この被害を教訓に橋脚の耐震補強が全国的に行われるようになり、「耐震化」の重要性が認識されるきっかけになった。

関西一円に深刻な被害をもたらしたこの震災以降、地震や災害に対する意識も大きく変化し、防災に関する新たな法律、「地震防災対策特別措置法」や地震防災緊急事業の実施に向けて調査研究推進のための体制強化や財政措置などが整備された。

このような想像を絶する震災は一体何によって引き起こされたのかだ。日本列島には数多くの活断層があるが、神戸市内には驚くなかれ７～８本の断層が南西から北東に向けて走っている。本地震はその中で最大の断層「六甲・淡路島断層帯」の一部に断層のずれが生じて起こったもので、典型的な「断層型地震」だった。

断層の多くは人々の生活ゾーンに存在するため、直下型になる確率が高い。そのために、津波の発生率は低いものの直下型特有の地震動により旧耐震型建物等を中心に崩壊や破損の比率が高まる。

こうして被災した多くの人々は避難所や仮設住宅生活を余儀なくし、復興までのおよそ十数年間言葉に尽くし難い厳しい我慢の生活を強いられた。

唯一明るい話題は、多くのボランティアがガレキ処理や被災者の救済に立ち上がってくれたことだろう。とくに、学生や一般市民が多く参加、これがきっかけとなって１９９５年（平成7年）が「ボランティア元年」になり、１月１７日を「防災とボランティアの日」にすることが閣議了解されたのである。

不幸中の幸いは唯一「津波」に襲われなかったことだが、万一大津波に襲われていたら周辺都市も含めて死者数は数倍に膨らんでいたのではないかと想像される。

そこで、同様に大震災が予想される「首都直下」巨大地震の行方である。

東京圏だけでも１３００万人を容する超巨大エリアで、万一にも予測どおりの直下型大地震が発生した場合、どれ程の建物崩壊、火災、インフラ、ライフライン破壊、死者、行方不明者が出るのか、そして、首都機能の崩壊とマヒによってわが国の未来と人々の生活、復興への道のりは果たしてどうなるかである。

阪神淡路大震災の忌まわしい記憶と、東日本大震災時の首都圏の大混乱を想起するにつけ、容易ならざる状況になることは想像に難くない。

その予想される被害状況の詳細については後章に譲るが、決して避けて通れない災害大国日本に生きる者として、いかにすれば被害を最小限に止めることができるのか、防災意識の高揚と備えは万全を期しても尚十分ということはない。

M9、東日本大震災の教訓

東日本大震災は首都圏にも大きな衝撃をもたらした。三陸沖で発生したマグニチュード9の巨大地震は、青森県東部太平洋岸から関東南部までのおよそ５５０キロに及ぶエリアを直撃し、最大震度7をはじめ、宮城、福島、茨城、栃木の４県３４市町で震度６強を観測した。北海道から九州にかけても6弱から1を記録し、国内観測史上最大規模の地震になったのである。

翌日の大新聞の見出しには、「東日本巨大地震」が踊り、「死者・不明多数」と謳って直後に発生した巨大津波が街や集落を襲い、家々が流され、黒い濁流に呑まれゆくセンセーショナルな写真をほぼ全ページで報道した。

テレビでは、いうまでもなく、消えゆく街並み、逃げまどう人々の姿、燃える海や街の信じ難い光景を多くの国民は息をのみながら見守った。

更に、３月１３日の日曜日の新聞では「地震規模Ｍ９」、「数万人安否確認できず」の見出しに、国民は驚きを禁じ得なかったのである。地震はもとよりこの世の出来事とは思えない巨大津波の威力に目を奪われ、涙しながら波間に呑み込まれゆく人々、逃げ惑う人々に「早く早く逃げろ！」とテレビに向かって叫び続けたことを忘れない。

そして、同時に発生したのが、東京電力福島第一原子力発電所の事故である。緊急時に水を注入して原子炉心を冷やす「緊急炉心冷却装置（ＥＣＣＳ）を稼働させる非常用電源トラブルが発生、政府は直ちに原子力緊急事態を宣言したものの翌１２日午後には1号機で水素爆発が発生、続いて3号機が爆発、その後コンクリート圧送機等で使用済み燃料プールへの注水など、大混乱の様子はマスコミを通じてお茶の間に流れ、祈るような気持ちで見守ったのを昨日のように思い出す。

それまで原子力の平和利用という国の政策に国民は何の疑いもなく、電化製品に囲まれた生活に現を抜かしてきた。「節電」という言葉すら忘れ去られていた感がある。

その後、廃炉が決定したもののこの事故がきっかけになって再稼働か脱原発かが大きな政治的、国民的課題になった。（この詳細は第2部第3章で述べる。）

結果、この大地震により発生した巨大津波は、それまで平和に過ごしていた地域住民犠牲者の９０％の命を奪い、両親を失った遺児１６００人を生み出し、多くの家屋を飲み込み、途方もない被害を残したのである。

おそらく、地域住民の多くには常々防潮堤が守ってくれるであろうという安心感と油断があったのではないか、ともとれなくないが１０～３０メートルを越える津波が押し寄せるなど想像ができなかったのも事実であろう。

ともあれ、この津波によって7道県をはじめとして漁港、養殖施設は破壊され、沿岸域は壊滅的打撃を被り、巨大災害に対する無力感を味わった。

一方、東京をはじめとする首都圏全域でも多大の大混乱が起こった。ＪＲ、私鉄を問わずすべての鉄道がストップし、帰宅時間と重なって何と５１５万人の帰宅困難者を生み出すという前代未聞の事態が起こったのである。

人々は余震の恐怖に脅えながら、ひたすら我が家をめざして歩き続けた。だがコンビニや食料品店の棚には水も食べ物もなく、途中で挫折した人も少なくない。

歩く人の群れは時として二次災害を引き起こしかねず、途中の公共施設やオフィビル、駅舎などに宿る厳しい体験をした人も少くない。

道路は車で埋まり、バス、タクシー、迎えの自家用車はことごとく渋滞の列の中に取り残され、通信網も途絶えて人々の不安と恐怖は頂点に達した感があった。

この地震によって、東京湾岸地域をはじめ１都１２県１８９市区町村の９６７８地点で「液状化現象」が発生、埋め立て地や河川流域の砂を多く含む軟弱地盤地域で建物が傾いたり、上下水道の破損被害が出て今後に課題を残す形となった。

ただ、東京では東日本大震災に伴う火災も大きな津波も発生しなかったこと、自然災害で過去最大10万人以上の犠牲者を出した1923年の関東大震災のような被災がなかったことは不幸中の幸いであった。

だが、政府の中央防災会議作業部会が発表した首都直下地震時の建物全壊、全焼がおよそ61万棟に及んだ時、首都東京はいったいどうなるのかである。さらに、インフラやライフラインが数万か所で破損した時を考えると想像を絶する困難が発生することは明らかである。

その詳細については第4章で述べるが、東日本大震災や阪神淡路大震災、関東大震災などの教訓を生かした防災、減災対策を工夫し、公表された「南海トラフ」「首都直下」巨大地震と津波にどう対応すべきかを真剣に考え、被害を最小限に止めるべく人智を尽くすことが当面する最大の課題と心得なければならない。

大震災は必ず起こる

日本列島は3・11以降太平洋岸全域を軸に地殻変動が活発化し、列島のどこで巨大地震が発生してもおかしくない状況にある、と専門家はいう。とくに指摘するのは「首都直下」と伊豆半島駿河湾から東海、近畿、四国、九州まで延びる東海、東南海、南海のいわゆる「南海トラフ」と呼ばれる三連動巨大地震の発生である。

いずれも30年以内に70％前後の確率で起こると発表されたものだが、極論すれば明日起こってもおかしくないという。そして、東日本大震災を遥かに超える巨大津波が東海から四国、九州までの太平洋岸を襲うという想定がなされている。

国の防災会議は、防災基本計画を見直し、「震災、風水害、火山災害、雪害」の四分類に「津波」を加え、より現実的な対応策を再構築すると言明した。

3・11の例を見るまでもなく、大地震と巨大津波の恐ろしさは人間の想定を超えてやってくるところにある。

このような津波を伴う大地震には「冷静に正しく怖れてとにかく逃げよ」なのだが、人間の心理としてはいつ来るかも知れないものに対しては「まだ大丈夫」という逃げる心理が働く。

だが、東日本大震災のようにある日突然大地が揺れ、海面が小山のように高まって市街地に流れ込むかも知れない状況に即応する「心の準備」は常に持っていなければならないし、自助、共助の精神は「命を守る」上での絶対条件と言ってもいいだろう。

安倍首相は「命を守る国土強靭化が焦眉の急だ、大規模な自然災害への備えも急がなければならない」と述べたが、どのような備えをしようとしているのか、防潮堤の整備だけで防げないことは東日本大震災で実証済みなだけに、具体的な対策、とくに、国民の命を守るための抜本策を示して欲しいと思う。

とくに、わが国の要である首都東京は2020年のオリンピック・パラリンピック開催を控えており、万一のことがあれば開催不能になるだけに万全を期さなければならない。

いずれにしても、これまでの想定をはるかに上回る地震と津波が首都圏はもとより九州までの太平洋沿岸に押し寄せる可能性が示された以上、避難先の選定や避難ルート、時間等のシミュレーションを含む「命を守る」訓練を徹底する以外にない。

自然災害は待ってくれないからだ。

東京を例に取れば、１９２３年9月1日に発生したマグニチュード７・９の関東大震災では、震源域が関東南部、相模湾西北部であったにもかかわらず木造家屋が三日三晩燃え続け、下町から山の手を含むエリアで全壊家屋１２８３００棟、焼失家屋４４７０００戸、死者およそ１０万人、罹災者３４０万人という大震災になっている。

それから９０年の歳月が経って超高層ビルが林立し、６３４メートルの東京スカイツリーがそびえ立ち、関東大震災当時とは比較にならない程コンクリートジャングル化し、都市を支える鉄道は網の目のように整備された。とくに、地下深くに潜り込んだメトロは地上の景観とはまったく異質な地下都市を形成している。最も危険とされる東京湾岸には多くの石油、ガス等の備蓄コンビナートが広がり、液状化で問題になった埋立地を含む軟弱地盤地域は拡大の一途を辿っている。

そして、インフラとしての高速道路や橋は老朽化が進み、ガス、電気、上下水道、情報ラインは蜘蛛の巣のように張り巡らされていて同様に老朽化は著しい。

一言でいえば「積み木くずし」のように脆く危険な都市に変貌している、といっていいだろう。

そこにマグニチュード７・３～８クラスの直下地震が発生したらどうなるのかである。政府の中央防災会議では死者２３０００人を想定しているが、仮に、超満員の通勤時に津波が地下鉄内になだれ込んだ最悪の場面を想定の数字なのかどうかである。

まさに、高度ネットワーク都市に変貌し一見盤石のように見える東京なのだが、実はバタバタと連鎖して機能マヒに陥る危うさを持ち合わせているのが現状である。

その東京には首都直下超巨大地震が迫っている。一方東京以西の太平洋岸には地球史上最大級といわれる「南海トラフ」地震と津波が控えている。

「油断大敵」である。

津波に弱い太平洋沿岸都市

日本で発生した大津波は3・11東日本大震災のみならず宮城、岩手県を中心とするエリアでは歴史上三度目になる。最初は1896年（明治29年）8月15日に起きた「明治三陸地震」、次いで37年後の1933年に発生した「昭和三陸地震」である。

いずれも3・11地震と震源域は日本海溝附近で類似しており、当時の海底地震としては最大級のものである。津波は三陸沿岸に達するまで30〜40分かかっているものの、情報のない時代故に多くの住民が波に呑まれ命を失ったと想像される。

ちなみに、昭和三陸地震のマグニチュードは8・1、死者、行方不明者3064人、流出家屋4034戸の記録が残っている。津波の高さは岩手県の現大船渡市で28・7メートル、明治三陸地震の際は38・2メートルあったといわれる。

防潮堤の建設はこの昭和三陸地震後から始まり、とくに岩手県宮古市田老地区の防潮堤は2・4キロ、ギネスに載るほどの巨大なものだったが、3・11の高さ16メートルに及ぶ大津波の破壊力に抗しきれず敗れ去った。

その後、1944年（昭和19年）にマグニチュード7・9の東南海地震で静岡県下田市から三重県熊野灘沿岸に津波が押し寄せ、流出家屋3059棟、死者、不明者1223人の大災害が起こっている。さらに、1946年（昭和21年）に三重県の紀伊半島から四国の太平洋沖合でマグニチュード8の南海地震が発生、終戦直後の混乱期に痛烈な打撃を与える大津波となり死者１３３０人、全壊、半壊家屋３５０００戸、南海トラフ沿いのエリアを震源地とする巨大地震と津波が太平洋沿岸都市を連続して襲ったのである。

そして、２３０人の死者行方不明者を出した北海道奥尻島を襲った北海道南西沖地震津波、そして、東日本大震災である。マグニチュード９という世界有数の巨大地震によって、およそ４０分後に青森から関東までの太平洋沿岸に巨大津波が押し寄せ、死者、行方不明者役１８５００人余に及ぶ大惨事になったのはご承知の通りである。

とくに、宮城県男鹿半島以北の岩手県沿岸は典型的なリアス式地形になっているため、これが津波のエネルギーを増幅させ、漁港を中心に形成された市街地を襲って甚大な被害をもたらした。

この津波による浸水面積合計は５６１平方キロ、全市町村面積の４・５％に過ぎないが、海と山合いの僅かな平地に市街地が形成され海抜も１～５メートル前後が多いため、１０～３０メートルという大津波に抗しきれず多くの命と街を奪われた。

臨海都市の多くはこのような宿命を負っており、東日本大震災クラスの津波が押し寄せれば再び同様の災害が起きることは明らかで、埋立地やゼロメートル地帯はより危険度が高いと考えるのが至当である。

とくに、太平洋沿岸都市には人口のおよそ７０％が居住し、港湾施設はもとより多くの工業生産基地があり重要な政治、経済、情報、文化等の機能が集積している。

そして、関東以西の臨界部には数多くの石油、ガス等の備蓄基地が立地し、さらには新幹線をはじめ東名、名神等の大動脈が走っている。

万一にも「南海トラフ」超巨大地震と津波が起これば、東海道メガロポリスの中枢機能は破壊され後章で述べるように死者３２万人、被害額２２０兆、国家予算のおよそ２～３年分に相当する途方もない数字になるという。

その多くは、東日本大震災の津波を見るまでもなくその破壊力は強大である。そして、「南海トラフ」では千葉県から宮崎県までの太平洋岸に１０メートル以上の巨大津波が襲うと予想されている。静岡県下田市では最大３１メートル、三重県志摩市で２３メートル、高知県土佐清水市と黒潮町ではなんと３４メートルの巨大な津波が押し寄せる。

さらに、東日本大震災と決定的に違うのは想定震源域が列島に近く津波の到達時間が早いという点だ。太平洋岸都市の大半は海抜が低く３０メートルを越える高台の避難先まで１キロを超えるエリアが多数あり、とくに、高齢者や病弱な人達の避難ルールや方法が決まらなければ死者数が５０万人、１００万人に拡大することも覚悟しなければならない。

これが太平洋沿岸都市の実態なのである。

もはや、防波堤や防潮堤で巨大津波を防げると見る人は少ない。さらに、海抜の低い市街地に居住する人たちや海辺の集落に暮らす多くの住民の命をどう守るのか、巨大地震や津波に弱い列島構造をどう強化するのか、ソフト、ハード両面から真剣に研究し万一への備えを急がなければならない。

急がれる「命を守る」防災対策

「町が消えた…」「陸前高田などほぼ壊滅」これは東日本大震災が発生した際の某全国紙の見出しの一部である。

海溝型巨大地震の脅威は、巨大津波を発生させる確率が高いことにある。東日本大震災に限らず北海道千島海溝、東海沖の駿河トラフ、西日本沖の南海トラフなどでマグニチュード7以上の巨大地震は経験済みだが、今回のように複数の岩盤が一度に割れる連動型は広範囲にわたって津波を発生させる特性がある。この点が阪神淡路大震災のような内陸直下型地震と異なる点だ。

2004年にまとめた宮城沖地震の予想では最大規模がマグニチュード8、かつての三陸沖地震よりも小さいと予測していたのだがエネルギー量は阪神淡路大震災の180倍という巨大地震になり、海溝型特有の大津波を伴って被害を増大させた。

最初の津波警報では宮城6メートル、岩手、福島は3メートルで305キロに及ぶ防波堤、防潮堤を備えた3県の住民は、この程度なら問題なしと安心しきっていたところに10~30メートルという大津波が押し寄せたのである。福島第一原発付近では15・5メートルに達し、世界を震撼させる大惨事勃発のきっかけになった。

この大津波の浸水範囲は6県62市町村で東京山手線内側の9倍に達し、死者15884人、行方不明2633人（平成26年3月現在）、ガレキが推定2785万トン、海に流出したガレキは480万トンに及びその一部はカナダ、アメリカ西海岸に漂着している。

この大震災の被害総額は物的なもののみで個人財産や精神的、肉体的損失は含まれていない。

さらに、津波で害を受けた農地は2万5000ヘクタール、除塩作業は進んだものの高齢化もあって離農者は増え続けている。

職場を失った多くの地域住民は早期の復興と安定した仕事を求めつつも、復興の遅れが災いして古里離れを加速させており、「戻りたい」という人の割合は増えそうにない。

そして今、津波対策の一環として太平洋沿岸三県220キロに及ぶ防潮堤の建設を進めているが、水産業の行方のみならず海との分断による景観、環境問題などで揺れる日々が続いている。

そして、今なお復旧復興には程遠い問題が山積していて、被害の大きかった岩手、宮城、福島三県を始め多くの被災地の復興は想像以上に険しい状況下にある。

とくに高齢化が進む中で、生まれ育った街がなくなったり隣近所の友人とも別れ別れになった寂しさが募って「生きる希望がなくなった」と嘆く人たちの「孤独死、関連死」が増えている。命を守る医療施設や商業、公共公益施設などに加えて、交通網の復旧の遅れ、仮設住宅暮らしの疲れなどが重なった結果といってもいいだろう。

このように、巨大地震、巨大津波は長年住み慣れた街も人間関係もずたずたに引き裂き、押し流してしまう恐るべきものであることを東日本大震災は教えてくれた。

豊かな大自然に抱かれた山紫水明の日本列島だが常にこのような自然災害の恐怖にさらされ、命の危険と隣り合わせにあることを忘れてはならない。

安倍政権は、民主党政権下で組んだ「５年で１９兆円」に６兆円上積みし、２５兆円に増額して復旧への意気込みを示すと同時に、列島強靭化への積極取組みを国民にアピールした。

だが、「言うは易く行うは難し」である。復興庁は相変わらずで被災した多くの市町村民は復興の行方と共に、かつての活力と賑わいが取り戻せるのかどうか、高齢化と人口減少という間の中で次第に不安の色を強めている。

そして、「国土強靭化」とは具体的に何を指すのかだ。いかなる地震や津波、台風や竜巻にも耐え人命を１００％守り切るために万全を期すことは国家としての義務だが、予報された「首都直下」や「南海トラフ」巨大地震・津波に対してどのような具体策を講じるというのか、その内容が不明である。

例えば、高知県の土佐清水市や黒潮町の３４メートルもの大津波予測に対してはどう備えるのかである。各自治体では地域防災の見直しを行ってはいるものの独自の対策には限界あるため、国からの財政的支援を要請しているが、むしろ、国は都道府県や各市町村に具体的な防災対策の検討を求めている段階であり、現状では死者３２万人を下回る減災対策はあまり期待できそうにもない。

国は、地方創生と経済対策を最重点課題とした政策に集中しているが、万一にも明日「首都直下」か「南海トラフ」巨大地震が発生したら、アベノミクスも東京オリンピックも吹っ飛んでしまうことを肝に銘じるべきである。

第2章

切迫する「巨大地震・津波」

動き出した「活断層」

地下のプレート（岩盤）に大きな力が加わり、ある面を境に割れたりずれたりすると地層に食い違う断層ができる。このうち比較的新しい時代に動き将来も動いて地震を引き起こす恐れのあるものを「活断層」と呼んでいる。

阪神淡路大震災は、この活断層型の典型でこのレベルの地震を引き起こす可能性のある断層は、日本列島及び周辺海底におよそ2000あると言われる。

プレートの地下深くの岩盤に巨大な力が加わり、この力によって少しずつ変形し、それが限界に達した時岩盤は破壊され地震が発生する。この断層型地震には、岩盤が相互に引き合う力で発生する「正断層型」、押し合う力で発生する「逆断層型」、岩盤が水平にずれる「横ずれ断層型」などがあるが、これらの断層型地震は人々の生活エリアで起こる確率が高いことから「直下型あるいは内陸型地震」とも呼ばれる。

いま、首都直下地震が危惧されているが、これは首都圏内に存在するいくつかの活断層の中のいずれかによって引き起こされる巨大地震を指している。

首都圏には、発生の危険度が高い活断層は11か所あり、中でも東京湾北部地震を引き起こす可能性を持つ「東京湾北縁断層」、多摩、立川直下地震の主因になる可能性の高い「立川断層帯」や「荒川断層」などが含まれる。

いずれもマグニチュード7・3~8・2、震度6強、一部7という首都直下地震が想定されている。発生確率は30年内70%だが、明日起こってもおかしくない状況にある、と専門家は口をそろえる。

当然、陸上部に限らず列島近海にもトラフや海底断層があり、これに火山性地震を加えるとまさにわが国は「地震の巣」そのもの。列島のどこかで再び阪神淡路大震災なみの巨大地震が起こる可能性は十分にあり得る。

それが、東京を始めとする大都市直下型であれば神戸に匹敵する大災害になることは明らかだし、原発立地付近であれば福島第一原発同様の大事故につながる危険性は十分に考えられる。

国の原発再稼働政策実現の決め手は「活断層」との関係が最重点化しているが、もとより地震大国に原発立地が適正だったのかどうかである。

このような「断層型地震」の代表格は先にも述べた阪神淡路大震災だが、これまでに起こった地震の大半は断層型で、長野北部地震もこれに該当する。

１９４８年６月に福井市を襲った「福井地震は福井市北方の深さおよそ１０キロで起こった直下型断層地震である。マグニチュード７・１ではあったが福井平野の軟弱地盤が災いして多くの市街地、集落で建物等が倒壊し死者３７６９人、全半壊家屋４８０００戸を記録した。

阪神淡路大震災同様の火災により福井市街は壊滅的な打撃を受け、市のシンボル的建物であった大和デパートは１階がつぶれ、倒壊こそしなかったものの崩れ落ちる寸前の被害を受けた。

また、２００４年１０月と２００７年７月に起こった新潟県中越地震と新潟県中越沖地震だが、共にマグニチュード６・８、逆断層型地震で前者は新潟県川口町で震度７、小千谷市、当時の山古志村が６強を記録、死者６８人、全壊家屋３１７５棟の大惨事となった。

この地震により地すべりや土砂崩れ、地割れで農業、鯉の養殖が壊滅的打撃を受けた。

後者は柏崎刈羽原発地域、長岡市などが震度６強、上越市などで６弱を観測、ライフラインの被害に加えて原子力発電所の変圧器火災が発生したことで知られる。

死者は１５人、全半壊家屋は７０４０棟に及んだ。

だが、これらの例はほんの一部にすぎず無感、有感の断層型地震は列島のどこかで連日起こっている。国の地震調査研究推進本部「全国地震動予測地図２０１０年度版」によれば、とくに危険な陸上部直下型活断層の主なものについては以下のように記されている。

・北海道エリア

①　当別断層（石狩平野）　震度７

②　黒松内低断層帯（長万部）　震度７

・東北エリア

①　山形県新庄盆地断層帯（山形県）　震度７

②　山形盆地断層帯　震度７

③　庄内平野東縁断層帯（山形県）　震度６強

・関東エリア

①　南関東地震（千葉県）　震度７

②　三浦半島断層群（神奈川県）　震度７

③　神縄・国府津―松田断層帯（神奈川県）　震度６強

（東京近郊は前述参照）

・中部エリア

①　櫛形山脈断層帯（新潟県）　震度７

②　十日町断層帯（新潟県）　震度6強
③　高田平野断層帯（新潟県）　震度6強以上
④　糸魚川─静岡構造断層帯（長野県）　震度7（2014年11月22日長野北部地震が発生）
⑤　堺峠・神谷断層帯（長野県）　震度不明
⑥　木曽山脈西縁断層帯（長野県）　震度不明
⑦　富士川河口断層帯（静岡県）　震度6強
⑧　高山・大原断層帯（岐阜県）　震度6強
⑨　阿寺断層帯（岐阜県）　震度7
⑩　砺波平野断層帯・呉羽山断層帯（富山県）　震度6強以上
⑪　森本・富樫断層帯（石川県）　震度6強以上

・近畿エリア

①　琵琶湖西岸断層帯（滋賀県）　震度7
②　奈良盆地東縁断層帯（奈良県）　震度7
③　中央構造線断層帯（和歌山県〜徳島県）　震度7
④　上町断層帯（大阪府）　震度7

・中国・四国エリア

①　山崎断層帯（兵庫県）　震度7
②　安芸灘断層帯（山口県岩国沖）　震度6強以上
③　周防灘断層群（山口県防府沖）　震度6強以上

・九州・沖縄エリア

①　別府―万年山断層帯（大分県）　震度不明
②　警固断層群（福岡県）　震度６強
③　布田川・日奈久断層群（熊本県）　震度不明
④　雲仙断層群（熊本県）　震度不明

これらの活断層は数多くの断層のごく一部に過ぎないが、阪神淡路大震災同様に都市直下地震を引き起こし大災害になる可能性が高いと判断されたものの一覧である。

いま、日本列島は東日本大震災以降これらの断層の活動が活発化し、これに周辺海域、とくに伊豆半島から九州に至る「南海トラフ」や「首都直下」地震が切迫している。

恐るべき「南海トラフ」巨大地震・津波

「南海トラフ」巨大地震とは、ユーラシアプレートとフィリピン海プレート境界に沿って延びる静岡県沖から四国、九州沖にかけての海溝を震源とするマグニチュード９クラスの地震発生の可能性について、政府の中央防災会議が東海、東南海、南海トラフが三連動して３０年以内におよそ７０％の確率で起こると公表した最大級の津波を伴う地震をいう。

東海地方と西日本の太平洋岸に延びる南海トラフは、沖合いのフィリピン海プレートが陸側のユーラシアプレートの下に沈み込むエリアで、両プレート境界部のひずみ蓄積が限界に達すると、プレート境界の深い

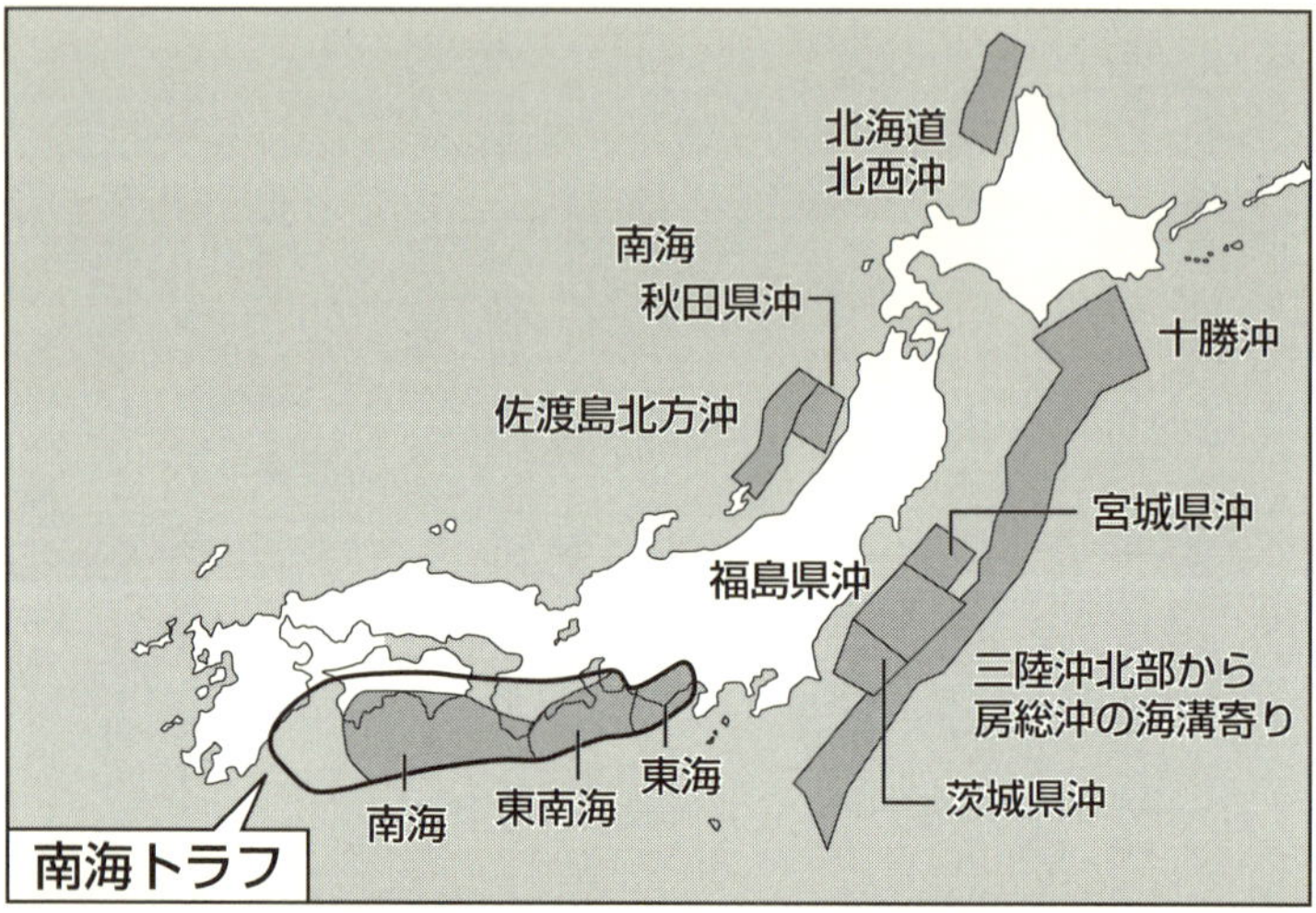

図２　日本周辺で想定される主なプレート境界型地震の発生領域

（出典）気象庁

場所に限らずごく浅い場所も同時に動いて巨大地震を発生させる。

平成１５年に国が策定した三連動の想定と比べて震源域は2倍に拡大し、駿河湾（静岡）から四国までの南海トラフ沿いではこれまで１００年から１５０年おきに繰返し大地震が発生している。

この地域に起こった過去の地震としては、東海、東南海、南海の地震領域がそれぞれ個別に破壊するケースと全領域が同時に破壊し巨大地震を起こすケースとがある。

今回公表されたケースは全領域同時破壊、いわゆる「三連動地震」である。巨大津波を伴うものでこの３５００年間に7回起こっていることが各種調査で判明しており、ほぼ５００年に1回の割合で発生していることが明らかになった。

この新想定では、最大規模マグニチュード９～９・１で最悪の場合死者３２万３０００人、東日本大震災の実に１７倍、建物の全壊焼失は２４０万棟、被害総額２２０兆という国家崩壊に近い超巨大災害になる可能性が高いのである。

これに対し、国は世界最高水準の強靭性を持った国、地域、社会を築くことを目標に「事前防災、減災等」に２・２兆を予算化したが、２０～３０メートルという巨大津波に対してどう防御し国民の生命財産を守ろうとしているのか、その全体像が見えてこない。

この問題は、阪神淡路大震災や東日本大震災を見るまでもなく「国土強靭化法」という法律を創ったり、建物の耐震化を進めれば済むという単純な話ではないのである。

防災、減災対策の如何によっては死者は１００万人に増えることもあり得るし、最善を尽くせば半数に抑えることも可能になる。

とくに、「南海トラフ」巨大地震は静岡県から九州までの列島南岸に近いエリアで発生し、極めて短時間で津波の第１波が到達し第２波、第３波が次々と押し寄せる。

津波襲来まで数十分を要した東日本大震災と違って「逃げる」時間が極端に少ない上に、地震と津波の巨大さが人的物的被害を大きくさせる。

日本列島の南岸、深海溝沿いで起こる可能性が高い「南海トラフ」巨大地震は、先にも述べたように東海、東南海、南海の３つのエリアの同時崩壊によるとされているが、それぞれのエリアでは１００～１５０年おきに繰返し地震津波が発生しており、当時から最悪の事態を避ける備えが大きな課題になっている。

内閣府の検討会が公表した津波高は東京都新島村で３１メートル、当初の想定の１０倍に達し「想像を超える高さ」に絶句、他の太平洋岸各都市も同様の驚きと共に困惑を隠しきれずにいるのが現状なのだ。

つまり、「想像もしなかった数字」に沿岸自治体の防災担当者は「対策の取りようがない」と戸惑い、防災、減災対策財源の目途すらたたずにいるのである。

国の防災担当大臣は「オールジャパンで防災対策に取り組む」ことの必要性を訴えるに止まり、事実上お手上げ状態にあることをさらけ出した。

だが、自然災害はいつ起こるか誰も知らないし防災対策が整うまで待ってもくれない。被害を減らせるのは唯一防災・減災対策を徹底した場合のみである。

そして、巨大津波で懸念されるのは福島原発事故を見るまでもなく静岡県に立地する浜岡原発である。２１メートルの予想津波高に対する防潮壁を整備しているが、万一予想を超えた場合に何が起こるか心配のたねは尽きることがない。

今はただ、平穏な海が牙をむくことのないよう祈るのみである。

東京壊滅か「首都直下」巨大地震

「首都直下型は８年以内に必ず起こる」２０１３年にそう断言したのは安倍内閣で国土強靭化政策を担当した内閣官房参与で京都大学大学院工学研究科の某教授である。

その理由は、過去２０００年の間に起きた４つの巨大地震の前後１０年以内に必ず直下型地震が起こっていること、三陸沖（東日本大震災エリア）と首都直下型は１０年内に相前後して連動地震が起きていること、などからして首都直下巨大地震が２０２３年までに必ず起こるというのだ。

確かに、東日本大震災以降、福島から、茨城、さらに千葉県内の地震数が増え首都圏に近づいている気配を感じる人は多い筈だ。

南海トラフ地震と違って、直下型地震は津波被害よりもあらゆる建造物、インフラ、ライフライン、通信網の破壊と液状化が中心的被害になる。

そこで重要になるのは、非耐震建物の耐震補強、橋梁、高架道路、鉄道、上下水道、ガス、電気、情報通信網など耐用年限が過ぎ老朽化の激しいこれらの改修と補強である。

政府の中央防災会議の作業部会が２０１３年１２月１９日に公表した首都直下型は南海トラフ同様「３０年以内に７０％」、マグニチュード７級の地震で最大震度７の激しい揺れに襲われるとした内容だが、いずれにしても想像を絶する被害が予想されることから、防災、減災対策は急を要する課題になっている。

作業部会が想定した首都直下地震は、首都圏の下に潜り込んでいるフィリピン海プレートによって品川区や大田区などの都心南部で断層が動き、マグニチュード７・３の地震が起きるとしたものだが、都内には多くの町工場や木造住宅密集地域が混在しており、大規模火災を伴う最悪の被害が想定される。

事実、首都圏の地下深くでは北米プレートの下にフィリピン海プレートと太平洋プレートが複雑に入り組んでおり、首都圏のどこで直下地震が起こってもおかしくない程のひずみが蓄積しているという。

そのため、同会議の作業部会は
①　千葉市直下型地震タイプ（Ｍ７・３）
②　さいたま市直下型地震タイプ（Ｍ６・８）
③　立川断層帯地震タイプ（Ｍ７・１）
④　横浜市直下地震タイプ（Ｍ６・８）
など、いくつかのタイプの地震を加えて予想震度分布図を作成した。

ただ、どのタイプの直下型地震であれ、首都東京のダメージは大きく、どのような耐震補強を行ったとしても政治や経済の中枢機能、生活関連機能の多くが崩壊する確率は極めて高い。

したがって、一極集中の構造的欠陥を解消しない限り日本崩壊の潜在的危機は除去できない、と考えるのが至当である。

首都直下や南海トラフを震源地とする巨大地震の被害は、東日本大震災の５～１７倍になると予測される中で、このような首都中枢機能を保全し国家崩壊を免れるには、思い切った主要機能の地方分散を行う以外にない。

これまでにも、首都機能の遷都について具体的な議論がなされ、幾つかの候補地選定にまで至った経緯はあるがいずれも頓挫、今となっては悔いの残る結果に終わっている。

一方、東京都の「地域防災計画」では、首都最大の弱点として「木造住宅密集地域」の不燃化と建造物耐震化の遅れを挙げ、さらに、東日本大震災で大きな被害を出した湾岸エリアの液状化問題も新たにつけ加えている。

首都直下地震は最大震度７クラスであることから、東日本大震災時の５強の比ではない大被害が想定される。したがって、防災計画の抜本見直しと共に地域住民主体の「自助、共助」システムの構築も最重点課題として挙げられる。

だが、東京都民はおよそ１３００万人、これに東京近郊からの通勤、通学者を加えた１５００万昼間都民を含めどう防災力を高めるか、効果的なシステムづくりに苦慮しているのが現状だ。

そこで、東京都はエリアの実状に沿った対策の必要性から

①　木造住宅が密集するエリア
②　高層ビルが林立する都心エリア
③　湾岸部を中心とする低標高エリア

④　中山間エリア

に４分類し、それぞれ地域特性に応じた対策を講じて想定被害の６０パーセント減、避難者数の４０パーセント減を減災目標として掲げている。だが、あまりにも膨大な作業が伴うことから効果的な減災対策が打ち出せるのかどうかだが、国家の盛衰にかかわる問題だけに防災、減災対策には全力を挙げる必要性を強調しておきたい。

巨大地震に対するエリア別課題

わが国は、いうまでもなく山岳海洋国家である。それがため臨海都市の多くは海辺や河口付近から中山間地域に向かって「まち」をつくり、少ない平地の有効活用を図ってきた。

都市が拡大するにつれ、海を埋め立てては港湾をつくり臨海施設や水産、工業基地を整備し生活関連施設を建設して人々の暮らしを支えてきた。

それを可能にしたのは世界に誇る土木建築耐震技術だが、残念ながら巨大地震、とくに津波に対する備えが十分ではなかったことを東日本大震災が証明してくれた。

津波は、港湾施設はもとより多くの生命を奪い、街を破壊し、一瞬のうちのガレキの山に変えてしまう凶暴性を持っている。

いま、その東日本大震災をはるかに上回る「南海トラフ」の発生が警告され、阪神淡路大震災の十数倍のエリアを持つ首都圏に「直下型巨大地震」の襲来が予測されているのである。

どちらもいつ起こるのかは「神のみぞ知る」だが、人命はもとより国家の存亡にかかわる問題だけに防災、減災対策のあり方を探る意味を込めて「４分類エリア」のそれぞれについて課題と検証を試みる。

①【木造住宅が密集するエリア】

東京、大阪などの大都市はもとより太平洋沿岸のすべての中小都市に共通するのは木造住宅密集地域（地域内の７０％以上が木造で、かつ３０％以上が１９７０年以前に建てられた建物が密集している地区）の存在である。

阪神淡路大震災では、神戸市の中心部に立地していた多くの木造住宅が倒壊、いたるところで出火した火災によって多数の犠牲者を出すと同時に、延焼によって破壊したあの忌まわしい地獄絵のような記憶は国民の脳裡に焼き付いている。

もとより、道路が狭く倒壊した建物によって消防車を阻み、消火活動は皆無に近く長時間燃え続けて被害が拡大した。直下型地震の恐怖は津波発生の危険性が少ないかわりに建物崩壊と火災によって犠牲者が増える特徴がある。

住宅地の多くは古い街なみで道路幅員は3〜4メートル、新興住宅街でも5〜6メートルのところが多く、建物間の隙間が1メートルに満たない密集地が圧倒的で類焼は免れそうにない。

加えて、地震直後に公園などに逃げるにも倒壊建物や車などが障害になるし、仮に小さな公園に逃げたとしても数十分後には炎に包まれる可能性が高い。

そして、被害を増大させるもうひとつの要因が高齢化である。歩けないお年寄り、寝たきり老人をどこにどう非難させればいいのか、究めて困難な課題が横たわっている。

自然災害で過去最大の１０万人以上の被害者を出した１９２３年の関東大震災では、おおよそ９０パーセントが火災で亡くなった。それから９０年たって今や３０００万人が暮らす大首都圏に発展し、耐火率が高まったとはいえ東京の木造密集地域は１６８３ヘクタールで関東大震災時の５倍以上に拡大している。

当時、火災旋風と放射熱に耐え切れず川に飛び込み命を失った人も多いという。その地獄のような光景を想像してみて欲しいし、地方中小都市も同様の危険な状況下にあることも知って頂きたい。

そして、もう一つの災害は「津波」である。皆さんも東日本大震災のあの巨大な津波に次々と呑み込まれていく木造家屋の忌まわしい光景をテレビの画面に釘付けになってご覧になった筈である。なす術もなく逃げ惑う人々、逃げ切れずに津波に呑み込まれて消えていく人、自然災害のむごい仕打ちに身を震わせた記憶は永遠に忘れ去ることのできない悪夢として残っている。

だが、前章でも述べたとおり東日本大震災の１７倍もの死者が予想される「南海トラフ」巨大地震では、想像を絶する巨大津波が関東以西の太平洋沿岸およそ７００キロを襲う可能性があると国の機関が公表したのである。

これに伴う全壊や焼失建物はおよそ２３８万棟、その大半は木造住宅と考えられる。東日本大震災よりも更に巨大な津波が短時間のうちに沿岸の街々を襲うことから、低海抜地にある木造住宅密集地域が大被害を受けることは避けられないと考えるのが至当である。

したがって、東日本大震災の折りのあの大津波のように、人々や家屋を呑み込んだ忌まわしいシーンを再び繰返すことのないように防災、減災対策に万全を期さなければならない。だが、極めて大胆な防御策を講じない限り人命や家屋や街を守ることは困難である、と言わねばならない。

②【高層ビルが林立する中心エリア】

東日本大震災では東京以西の高層ビル群は幸いにも無傷で済んだ。だが、「南海トラフ」や「首都直下」

巨大地震が起こったら、立ち直れないほどの大被害を受けるであろうことは間違いない。

その中にあって、１９８１年以降の新耐震基準に則して建てられた中高層ビルや超高層ビル、マンション、公共施設等の建物自体は倒壊等の大被害を被る危険性は少ないと思われる。

だが、近代建築特有のカーテンウォール（ガラスの壁面）が崩れる、看板や壁タイルが剥がれ落ちるといった危険性は排除できない。そして、問題は旧耐震基準で造られた建物がどの都市にも数多く残っていることである。

マンションに至っては東京だけで２４０００棟もあって、耐震補強は殆ど進んでいない。

加えて、大都市中心エリアには老朽化した高速道路、地下鉄などの鉄道網、橋梁、上下水道、ガス、通信網が蜘蛛の巣のように張り巡らされている。これらのインフラやライフラインに旧耐震ビルの倒壊などが加わると、想像を絶する被害を招く可能性が高まる。

とくに、首都高速は総延長３００キロのうちおよそ１４０キロは築３０〜５０年経過し、大規模更新の必要性に迫られている。この改修や補修が遅れれば巨大地震で橋梁の落下や倒壊など、阪神淡路大震災をはるかに凌ぐ大災害を招く可能性が一気に高まる。

そして、これも大都市特有の課題だが、多くの防災のプロが指摘する地下街、地下鉄の危機管理問題がある。大都市は今や「地下都市化」しており、地下空間は地上を上回る利用者で溢れている。

中でも地下鉄は利便性に富み、大江戸線六本木では４２・３メートルという大震度化が進んでいる。時間帯にもよるが万一の際、地中深くに取り残される危険性は避けられない。

そして、トンネルの崩壊、停電、海水の侵入といった被災の際には生命の危機が一気に高まる。

この両者が凶器になり牙を剥いたとき、直下型地震の真の恐ろしさを実感するのかも知れない。また、どんなに近代的で堅固なビル群の中心エリアでも、その周囲には広大な木造密集市街地があることを忘れてはならない。

③［臨海部を中心とする低標高エリア］

政府は、２０１４年３月２８日に南海トラフ防災対策推進地域２９都府県７０７市町村を指定、さらに、津波避難対策特別強化地域１４都県１３９市町村を指定した。

また、首都直下地震に対しては１０都市３１０市区町村を指定、官民を挙げて防災、減災への取り組みを加速させる方針である。

建物の耐震化や津波避難施設整備の達成時期を含む「地域防災計画」の策定を義務化したものだが、最大の課題は関東以西の太平洋沿岸都市の防災、つまり大津波対策に尽きるといってもいいだろう。

とくに、「南海トラフ」による津波高は想像を絶するもので死者想定３２万人という途方もない数字が示されている。したがって、低標高市街地居住者の人命を守る抜本対策が最大課題になる。

その具体策については別章に譲るとして、もうひとつの課題は東京湾岸エリアの埋立地対策である。臨海部には次々と超高層マンション等が建設され、２０２０年のオリンピック、パラリンピックに向けて選手村と、さまざまな競技会場の建設が予定されている。

これらの埋立地は、すでに3・5〜7メートル延べ５０キロに及ぶ護岸整備によって最終地盤面は標高6メートルにする予定だという。「だから津波にも高潮にも安全だ」と主張するのだが、津波の恐ろしさは想定を超え安全の基準が無くなるところにある。東京湾の津波高は3メートルと想定されているが護岸整備や防潮堤が必ずしも万全でないことは東日本大震災が証明した。

そして、もうひとつは埋立地という弱点である。東日本大震災時の浦安市を始めとする液状化問題は臨海部特有の危険性をさらけ出したといってもいいだろう。

したがって、個々の建物は堅固でもそれらを支える地盤の強弱に左右されるものであることを肝に銘じなければならない。

オリンピックには、地震や津波に無縁の国からおよそ1500万人が来日する。万一のことがあれ観光立国をめざすわが国にとって大きな打撃になるだろう。

このことから、なによりも人命を守る国土強靭化計画をオールジャパンで推進し、被害を最小限にとどめる低標高エリア対策に万全を期さなければならない。

④〔中山間エリア〕

湾岸地域には石油コンビナートや火力発電所を始めあらゆる機能が集積し、巨大地震や津波によって膨大な被害が出ることは十分に予想される。

その点中山間地域は津波の心配がない分安心だ、という人がいる。確かに中山間エリアまで津波が届くことはない。だが、中山間エリアには人々の生活を陰で支える施設が沢山存在している。

その中で最も重要なのは「貯水ダム」だ。万一にもこれらダム群のどれかが巨大地震によって崩れたら、下流地域は巨大水流によってひとたまりもなく押し流され津波に匹敵する大惨事になることは間違いない。

とくに、南海トラフ地震に伴う防災対策推進エリア内には、滋賀県琵琶湖を始め自然湖、ダム湖が多数存在する。加えて、首都直下地震エリア内には東京横浜などの人口密集地域を支える「水がめ」が数多く存在している。

さらに、水力発電所や地熱発電も中山間地域に数多くあり、いずれが崩壊しても臨海部の火力発電所の破壊と合わせて都市部の生活を不能にする可能性がある。

そして、土石流、地すべり等の集落強襲、造成団地の崩落など臨海部にはない土砂災害の大発生が予想される。その対策を怠ってはならない。

大地震は突然起こる

マグニチュード９の東日本大震災が地震の常識を変えてしまったと言われる。日本列島の危険度は増し、いつ、どこで、どのくらいの地震が起きるのか予知はますます困難になったというのである。

阪神淡路大震災を起こした断層も、発生前は数パーセントの発生確率だったにもかかわらず突然起こった。

そして、太平洋岸では地球の表面を覆うプレート（岩盤）が４枚もぶつかり合い、海側プレートが陸側プレートの下に沈み込んでいるためにその境界部で津波を伴う海溝型の巨大地震が繰返し起きている。

もうひとつは、日本列島がおよそ３０００万年前に大陸を離れて東に移動する間に、西進する太平洋プレートに押し戻される力が働いて陸海共に多くの断層が生じ、「ひずみ」の溜まった断層が数多く存在する。

このふたつが日本列島周辺の近海で地震を引き起こしている。

前項でも述べたとおり「断層型」は主に直下型地震となり「海溝型」は巨大津波を伴う地震になる可能性が高い。海溝型は発生頻度は少ないものの東日本大震災を思い起こすまでもなく甚大な被害をもたらすものが多い。

だが、今回の「南海トラフ」「首都直下」地震予測のように、３０年以内〇〇パーセントという発生確率だと「まだ30年も先」という逃避意識が優先し、防災、減災に対する備えを先延ばしする心理が働く。

これが万一の際に被害を大きくする一要因になるのである。

例えば、関東大震災以降、東京のまちづくりは「震災、火災に強い防災都市」をテーマに再建を進める筈だった。だが、23区内だけでもおよそ1700ヘクタール弱の危険な木造密集市街地（ちなみに大阪府は2250ヘクタール）が未だに残っている。

現代の都市は総じて建物の耐震化や防火性能は高まっている。だが新しい都市構築物が無数にでき液状化しやすい埋立地が増えた上に、木造密集地が混在し、想定外の新たな被害が出る恐れはむしろ強まっている。「天災は忘れた頃にやってくる」。すでに国民の70パーセントは東日本大震災のあの悲惨な光景を忘れかけているという。

せめて正確な地震予知が可能ならその日に向けてできる限りの備えができるかも知れない。だが公表された内容はあまりにも巨大な被害規模である。以下にその全貌を述べ防災への備えについて述べる。

第3章

「南海トラフ」恐怖の全貌

M９・１「南海トラフ」の想定規模

マグニチュード９・０を計測した３・１１東日本大震災、その衝撃が次に日本列島を襲う巨大地震の発生を促したといわれる。

そのひとつが「南海トラフ」巨大地震である。「南海トラフ」とは「東海、東南海、南海」の３つの震源域の総称で、同時発生が危惧される今最も危険で巨大な津波を伴う地震である。

東海（静岡県）と西日本（静岡以西九州まで）の太平洋岸に延びるフィリピン海プレートが陸側のユーラシアプレートの下に潜り込むことで大きな「ひずみ」が蓄積し、それが限界に達した時にマグニチュード９・１の巨大地震が発生するといわれる。

平成１５年に国が策定した南海トラフの想定域と比べて震源域は2倍に、マグニチュードは９・１に拡大し新想定に基づく津波高もそれぞれのエリアごとに発表された。

静岡県の駿河湾で発生する津波は数分で静岡市駿河区

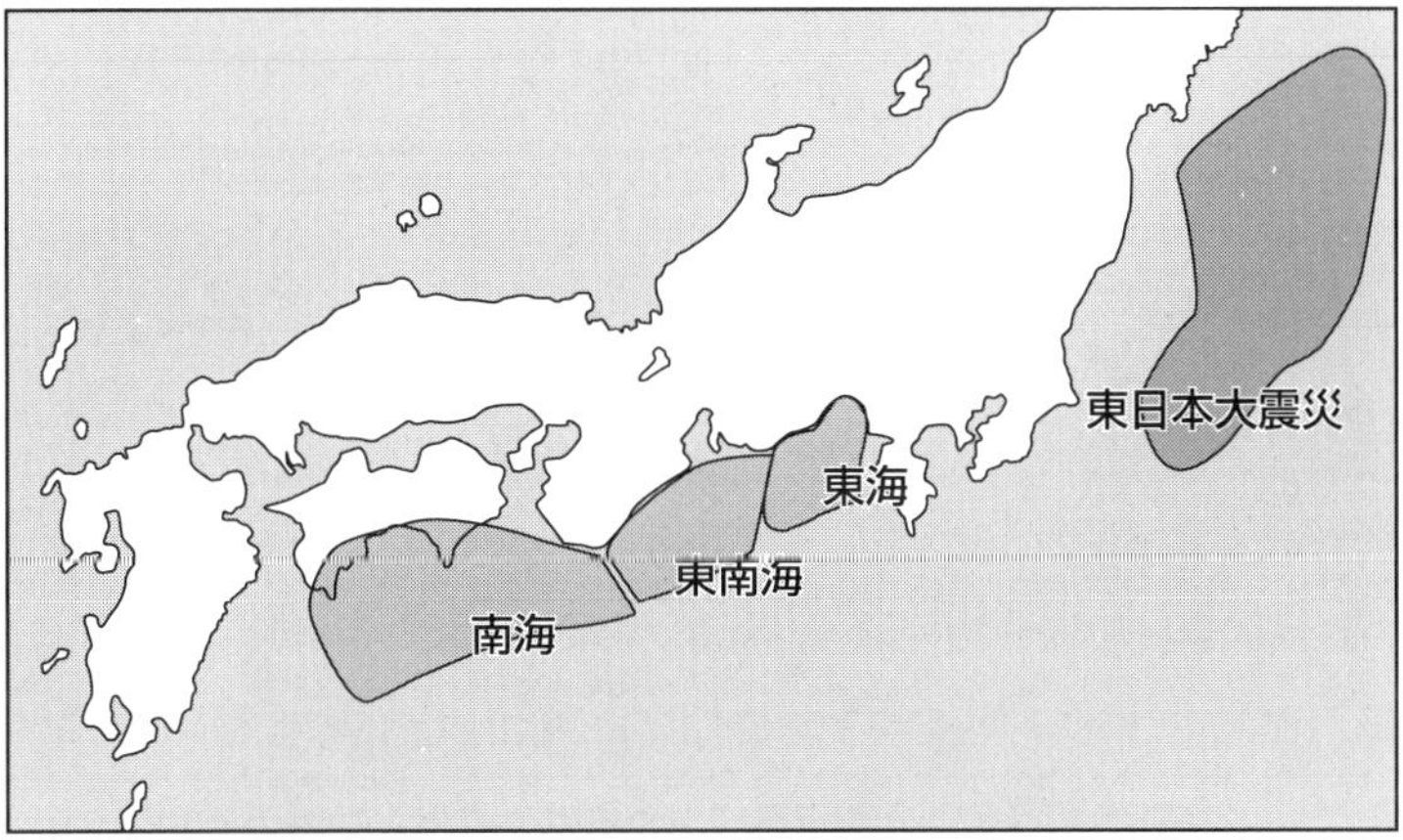

図３　東海・東南海・南海地震の震源域

震源域が陸に近い　・揺れが強い　・津波の到達が早い

（出典）地震調査研究推進本部

や清水区に到達するといったように、太平洋岸近海で発生する津波は短時間で第1波が太平洋沿岸各地を襲うという厳しい内容である。

その間に、津波避難対策特別強化地域14都県139市町村の近海住民が一人残らず高台や高層ビル、避難タワーなどに逃げ切らなければならないのだ。

津波の浸水域は東日本大震災の1・8倍に達し人口密集地域を襲うという。その結果、死者数は32万3000人に達し、負傷者は最大62万3000人と予測されている。東日本大震災の17倍という数字である。

これだけでもいかに巨大な地震・津波であるかがおわかり頂けると思う。だが、政府は地震発生直後から直ちに高台などの避難を始めれば津波による死者を32万人から4万6000人に減らせると発表した。津波避難用のビルやタワー、避難路の整備に加えて全ての建物が現行の耐震基準を満たせば、死者数を大幅に減らすことができると強調したのである。

理想論としてはそうかも知れない。人命を守ることが地震・津波時の最大の課題だからである。だが、いつまでにどこにどのような避難タワーや、避難路を整備するのか、身体に障害のある方、寝たきり高齢者も含めて短時間にどのような手段と方法で避難を完了させ得るのか、万一にも真冬の深夜真っ暗闇の中だったらどうするのか、といったケース別の検証を行って対策する必要がある。健常者ばかりではないしポカポカ陽気の昼間に発生するとは限らないからだ。

逆に、条件が悪ければ32万人が100万人に増えることもあり得るのである。したがって、希望的な「たら・れば」論は排して「自助、共助システム」の構築を含め、命を守る具体的な防災、減災対策を国民に示すべきである。

以下に、国の中央防災会議が公表した「南海トラフ」地震で想定される被害の全容を示す。

（中央防災会議、その他の公報による）

死傷者	建物崩壊、津波、火災などで死者32万人、負傷者62万人。
避難者	震災直後700万人、１週間後に950万人うち500万人が避難所に滞在。
帰宅困難者	中京圏で110万人、京阪神圏で270万人首都圏800万人。
物資	被災後３日間で食糧3200万食、飲料水4800万リットル、毛布520万枚不足。
建物	地震、火災、津波などで238万棟が全壊・焼失。高層、超高層ビルでは長周期地震動による被害発生、多くの地域で火災発生。
道路	４万か所以上で路面、橋梁損傷、東名、新東名高速など長期間通行止めの恐れ。
鉄道	１万9000か所で線路が損傷、在来線、東海道新幹線など長期間不通の恐れ。
空港	複数の空港で浸水、長期間使用不能の恐れ。
水道	地震直後断水で3440万人が利用不可、復旧の見通し立たず。
下水道	地震直後3210万人が利用不可、復旧まで長期間かかる見込み。
電力	地震直後2710万軒が停電も数日で復旧の見込み、但し、多くの発電所が被災の場合は長期間に及ぶ。
通信	固定、携帯電話共に通話可は10パーセント程度、数日で復旧の見込み。
都市ガス	180万戸で供給停止。
宅地造成地	宅地造成地の崩壊で多くの建物崩壊やライフラインの途絶が起こる可能性がある。

地下街・ターミナル駅	天井や壁面の落下、停電、津波による浸水等で大パニックになる可能性大。
コンビナート	石油タンクなど６０施設で流出、８９０施設で破損、大火災発生大。
孤立集落	農業集落１９００、漁業集落４００か所孤立する可能性大。
災害廃棄物	建物等のガレキや津波堆積物など3億１０００万トン（処理におよそ２０年要する。）

ここに示したそれぞれの数字はあくまでも最大の推定あるいは想定値である。したがって、地震、津波の大小によっては変動する可能性はあるが、超広域災害になる可能性が高いことから想定外の大災害に見舞われる地域や都市が出ることは十分に考えておかなければならない。

その最大要因は、地震によるパニック状況に追い打ちをかけるように襲来する巨大津波である。その規模は東日本大震災をはるかに凌ぎ、より短時間で各地域に到達する。

この「南海トラフ」地震と津波による被害額は２２０兆３０００億、東日本大震災の１７兆４０００億と比較してもいかに途方もない大災害であるかがおわかり頂けると思う。

被害額の内訳は愛知県が３０・７兆で最も多く、大阪府の２４兆、静岡県１９・９兆、三重県の１６・９兆と続いている。

地震・津波襲来２４都府県の脅威

最悪３２万人が死亡するとされた「南海トラフ」では、震源に近い静岡、愛知、三重県を中心に静岡～宮崎県までの広範囲の太平洋沿岸で震度6強から7以上の巨大地震と津波が襲来すると想定されている。

想定震源域が比較的陸寄りのため、震源の前に起きる地殻変動は捉えやすいとして気象庁は24時間体制で観測しているが、南海トラフで発生する震源には多様性があり、どの領域で発生するかの詳細予知は困難という説もあって、現在は「予知技術」を高めるための研究を推進中という。

だが、被害想定はあまりにも厳しい。静岡以西の太平洋岸の151市町村で震度5強〜7という厳しい数字が示され、加えて地域別の津波では短時間に20〜30数メートルという想像を超える数字が示されている。ただただ唖然とするばかりである。

以下に2013年5月に公表された主な都府県の震度と津波高（太平洋沿岸）を示す。

都道府県名	震度	津波高（M）（最大位置）
東京都	5強	3（東京湾）
神奈川県	5強〜6弱	10
静岡県	6弱〜7	10〜31（下田市）
愛知県	7	4〜22（田原市）
名古屋市	6強〜7	4
三重県	6強〜7	7〜27（鳥羽市）
和歌山県	5強〜7	6〜20（すさみ町）
大阪府	6強〜7	5（此花区）
徳島県	6強〜7	5〜24（美波町）
高知県	6弱〜7	10〜34（土佐清水市・黒潮町）

愛媛県	６弱～７	８～２１（西海町付近）
大分県	６強	６～１５（佐伯市）
宮崎県	６弱～７	８～１７（串間市）
鹿児島県	５強	３～１３
沖縄県	５強	５

驚くのは高知県土佐清水市と黒潮町の最大３４メートル、静岡県下田市の３１メートルという津波高と震度７という巨大地震エリアの広さである。

海洋研究開発機構は、これら巨大地震の発生が心配される紀伊半島沖の南海トラフ沿い海底１０００メートルに地震計を設置し、観測強化を始めたほか気象庁は、５メートル以上の津波を早期発見するため２２５か所に観測地点を設け実務を開始した。

先章でも述べたように東日本大震災での死者、行方不明者の９０パーセントが津波による犠牲者であることを考えると、地震以上に津波対策が重要になることはいうまでもない。とにかく「逃げる」以外に身を守る方法がないからである。

参考までに津波の高さと被害の関係は以下のとおりである（内閣府、気象庁の資料による）。

津波高	被　害
３０センチ	足をとられ自由に動けなくなる。
１メートル	木造家屋は一部損壊、人命が奪われる。

2メートル	木造家屋の半数が全壊する。
3メートル	木造家屋はほぼ全壊、流出する。
8メートル	木造以外の家屋が全壊する。
16メートル	鉄筋コンクリートの建物が全壊する場合もある。

この公表数字を受けて各自治体の長は一様に「頭になかった数字、これまでの想定を遥かに超える」と驚きを隠せずにいる。

とくに、震度7、34メートルの大津波が襲来するとされた高知県と、31メートルの津波襲来を想定された下田市を持つ静岡県は共に「対策の抜本見直し」を迫られている。そして、いうまでもなく静岡県には南海トラフ津波圏唯一の浜岡原子力発電所が立地している。中部電力は、再稼働を目指して海抜18メートルの防潮壁整備を進めてきたが、新想定で示された津波高は21メートル、浜岡原発安全設計の再見直しを余儀なくしている。勿論、抜本見直しを迫られたのはこの高知、静岡の両県だけではな

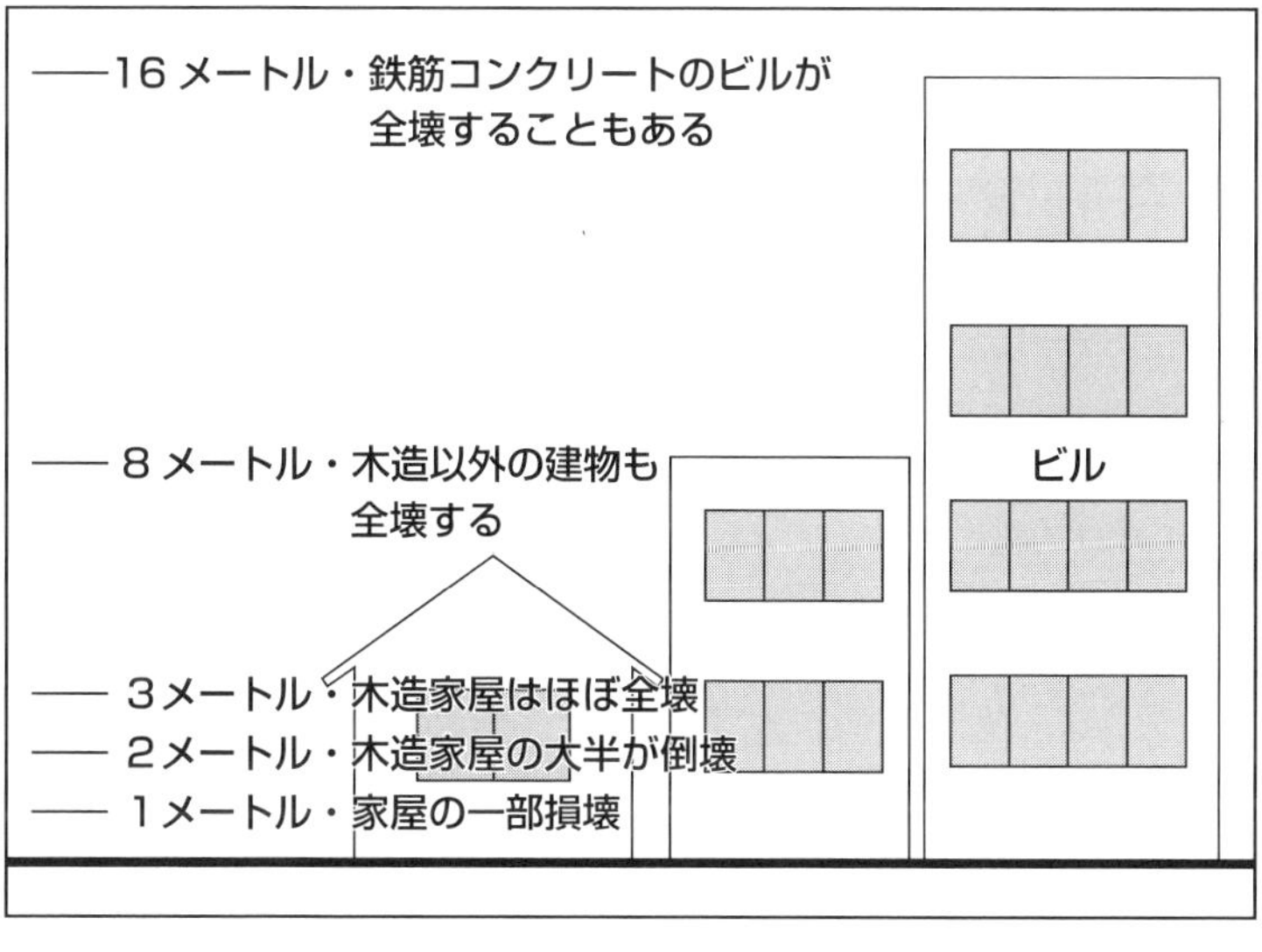

図4　津波の高さと被害の関係

内閣府・気象庁の資料を基に作成

い。最大震度が6弱以上となる神奈川から鹿児島までの２１府県２９２市町村のうち、とくに震度7となる１０県１５１市町村はとくに巨大津波対策を含めた防災、減災計画の見直しが必至になっている。

とくに、大人口を抱える大阪府では南海トラフ巨大地震、津波が発生した際、最も危険とされる石油コンビナートからの原油流出が沿岸部の市街地に与える火災や汚染などの影響について検討に入り、国が想定した２４兆円を４兆上回る２８兆円の経済被害があることが判明している。

死者数も１３万４０００人と国の想定数の１３・６倍に上る数字も併せて公表した。その６５％は火災による犠牲者とみているが大阪府も東京同様に木造密集市街地の存在が大きなネックになっている。一方では、中心エリアには地上３００メートルの超高層を始めとするビル群と共に「地下都市」化も進んでおり、震度６弱～６強の地震と津波に耐える防災都市づくりが大きな課題になっている。

名古屋市も同様だ。名古屋港に近接する港、中川、南、緑区などは6強以上の地震と共に2メートルを越える浸水に襲われると見込んでおり、どう対策するかが大きな課題になっている。

壊滅する沿岸都市・港湾

国の中央防災会議では、今回の公表数字は過去の巨大津波の痕跡調査や古文書などを参考に被害想定を行った旨発表した。国や各自治体の防災計画の見直しは進んでいるが、とかく甘く考えがちな被害想定を「最悪のシナリオ」で再検討し、対策することが重要との指示を出した。

東日本大震災はまさにその典型である。誰一人としてあれほどの巨大津波に襲われると明言した専門家はいなかったし、２０１１年3月１１日に巨大地震が起こると警告した人もいなかった。

もし的確に発生を予知し、国、県が事前警告を発して避難を呼びかけていたら少なくとも「人損」は軽減できたのではないか、という声は多い。

このタイプの巨大地震は平均600年間隔で起きていたことは判明しているが、ピンポイントで言い当てることがいかに困難であるかを国民に知らしめたのである。

その点を踏まえて逆説的に考えれば、南海トラフも首都直下巨大地震も「明日起こってもおかしくない」ということになる。それが「30年以内70パーセント」確率の答えになる。

ともあれ、これらの巨大地震や津波が発生しないことを願う以外にないが、災害大国日本の宿命として万一に備えること、その上で国民の命を守ることに全力を挙げることが最大の課題になる。

その理由は、32万人という死者が予想されていること、負傷者が62万という途方もない数字に上ること、そして、民間住宅、オフィス、工場等の被害、経済活動の停滞による被害、ライフライン、インフラ等をトータルすると被害額220兆で国家予算の2・3倍に上る。このことを考えれば国家の存亡にかかわることは明らかだ。

この中には、地震、津波後のガレキ処理と復旧、復興までの間の生活苦や各種補償費、補助金等は含まれていない。しかし、東日本大震災を見るまでもなく、その間は極めて不便な生活が強いられる。それが南海トラフ巨大地震と津波のもたらす結果であり、静岡以西の太平洋沿岸エリアおよそ700キロ、震度6弱以上の地域人口4250万人に降りかかる可能性が高いのだ。

津波は東日本大震災よりも高く短時間で押し寄せる。市街地は比較的低標高（海抜）エリアが多く津波の浸水面積は1015平方キロに及び、東日本大震災の1・8倍にのぼる。最も浸水面積が広いのは三重県の157平方キロ、静岡県の151平方キロ、宮崎県の105平方キロ、この3県の共通点は海岸線が長く低い平地が広がっている点だ。

津波は伊勢湾や大阪湾などの湾奥にも達し、ゼロメートル地域の多い大阪市では淀川を逆流して市街地に流れ込むという。その浸水が地下鉄やビル地下に流れ込んでさらに大きな被害を生む可能性がある。おそらく大都市特有の大きな人的、物的被害が出るであろうことは容易に想像できる。これは名古屋市、横浜市、さらには東京でも起こり得る現象である。

そして、もうひとつは津波に直面し大きな破損が心配されるものに港湾がある。東京以西の太平洋岸には日本の輸出入の大半を担う19の重要港湾があるが、防波堤でブロック可能なものを除く8港湾が大きな被害を受けるとのシミュレーション結果を国交省が発表している。

加えて、東日本大震災でも大打撃を被った漁港が多数存在したように、海洋国家日本を象徴する漁港が多数立地している。

これらの漁港は、防波堤はあっても10~20メートルといった巨大津波と巨大地震に耐えうる防波堤は皆無である。港湾も8か所に絞った経緯は不明だが同様に考える必要があるのではないだろうか。

したがって、公表された震度と津波高を考えれば陸海共に壊滅的な打撃を受け、ガレキの山になることは明らかである。対策があるとすればいかに被害を最小限に抑えるかという「減災」の発想のみといっていいだろう。

臨界部に林立する石油や天然ガスなどの備蓄基地も同様だが、減災の方法すら見つからないのが現状である。これらの危険物が海上火災を引き起こしさらなる二次、三次被害に拡大する可能性があることを十分に考えた対策をしておかねばならない。

列島大動脈寸断でどうなる日本

東日本大震災では東北新幹線の列車脱線や架線、橋脚の一部損傷、仙台駅舎内での被害はあったものの、復旧が早く大事に至らなかったのは幸いだった。

これは、比較的内陸部に位置していたのと新技術の投入による減災対策が功を奏した結果として受けとめられる。

だが、東海道筋は違う。

東海道新幹線、東名高速道路は大半が太平洋沿岸部を走り、しかも完成後５０年を経過した、という点が決定的に違うのである。果たして震度7という巨大地震に耐え得るのかどうか、そして究極の不安は走行中の列車の脱線転覆である。

列車そのものは現代技術の粋を集めたものであっても、高架橋には耐用年限があって放っておけばいずれ自然崩壊する人工物である。しかも、列車のように簡単に交換することができないのが高架橋である。

したがって、厳密な劣化検査によって補強すべきところは補強し強度を維持しているのが現状だが、果たして震度7という巨大地震にどこまで耐え得るかだ。

そして、巨大津波の襲来である。場所によっては１０～２０メートルの津波によって崩壊する部分もあるかも知れない。いずれにしてもどこまで耐え得る力が残っているかが大きな鍵になる。その破損程度が多くの被災国民の生活に直結し、日本経済を左右する鍵になるからである。

国の推論では修復に早くて１か月、破損の状態によっては数か月という発表がなされている。その間は少なくとも物流がストップし人々の従来も途絶える。

加えて、打撃が大きいのは原発の代替として大活躍中の火力発電所と精油所の破損である。火力発電所の殆どはその性質上臨海部に立地して、地震はもとより巨大津波のエネルギーをもろに被る状況下に立地している。

したがって、その破損の度合いによってはこれも一か月～数か月ストップする可能性がある。そうなるとあらゆる電源が止まり家電生活が不能になるだけでなく、生産工場も電車もストップして機能停止状態が続くことになる。

もうひとつは、そのエネルギー源となる製油所もまた臨海部に立地している。国の推計によれば、全国26製油所のうち12施設が破損停止すると見られている。したがって、仮にインフラが復旧しても石油、ガソリン不足により物流のすべてがストップする可能性は高い。備蓄原油はあってもその大半が流出し海上火災によって消失すると考えなければならないからだ。

このように書くと「考えすぎだよ」と笑う人がいるかも知れない。だが、東日本大震災時に太平洋沿岸部の海上全域を炎と煙に包んだあの光景を思い出して欲しい。その東日本大震災の十数倍以上の大震災になると公表されているのである。

その凄まじい光景を想像しただけでも背筋の凍る思いがしてならないのだ。

これら日本を支える基幹インフラや重要施設、港湾や漁港が東京以西には無数にあってどれひとつ欠けても市民生活を脅かすものばかりである。だが残念ながら巨大地震と津波を完全にブロックする手段がない以上、いかに被害を最小限に留める「減災」に取り組むか、それ以外に方法はないのである。

このように直接、間接的な被害をもたらし平和な生活を一瞬にして奪い去るのが巨大地震と津波である。大都市も中小都市も村や集落までもが殆ど身動きのとれない孤立した不便な生活を長期間強いられる。それが南海トラフ巨大地震の正体である。

避けられない大パニック

最悪の場合南海トラフ巨大地震、津波による死者３２万人、避難者は９５０万人に上ると国の有識者検討会が報告を行ったが、当然ながらそれだけの避難施設や備蓄のない各自治体は再検討を迫られる。避難施設に入りきれない場合は高齢者や子供、障害者等を優先させる方針になるという。したがって、一般住民には行政に頼らず「自助、共助」で対応して欲しいという姿勢でのぞむ方針になる。

だが、着の身着のままで逃げ切ったとしても、家を流され着替えも食べるものもない状態ではどうすればよいのか、まして厳冬期だったら、と考えると恐怖感でいっぱいになる筈だ。

小雪降る中で起こった東日本大震災のあの光景を思い起こせば、その厳しさ辛さが自ずとわかる筈である。そして、もうひとつの恐怖は地震だ。南海トラフでは東日本大震災と比べて東京都心の揺れは2～3倍、大阪府の湾岸部でも5倍になると東大チームが発表した。

地震と津波が人間社会にもたらす恐怖は、一瞬のうちに人命を奪い街や地域を破壊し尽すところにある。そして、いかなる科学技術をもってしても止めることも、まして時期をコントロールすることもできない。そして、平穏な社会を大混乱のどん底に突き崩し、人々の生活や家族を引き裂き多くの人命を奪い去る。その後にやってくるのは抑えようのないパニックと苦痛と忍耐である。

以下、中央防災会議が発表した南海トラフ巨大地震についての被害状況を列記する。

ライフライン回復	①	揺れや津波で全壊したり火災で焼失する建物計２３８万６０００棟。
	②	水道管や浄水場の被災による断水３４４０万人、但し、１か月後に９０パーセント回復見込み。
	③	固定電話は９３０万回戦が通話不能に、被災から１日後携帯電話基地局の非常用電源が切れ、東海から九州で最大８０パーセントが停止、但し、３日程で９０パーセントが復活する。
	④	停電２７１０万軒、但し、電力会社間の電力融通などで１週間程度で９０パーセントが解消する。
	⑤	１か月たつと火力発電所が徐々に運転再開し西日本の供給能力は需要の９０パーセントまで回復する。
インフラ（交通網）関連	①	道路は揺れと津波で４万１０００か所が亀裂、陥没などで通行不能になる。
	②	東名、新東名高速道路共に被災と点検で通行止めになる。但し、３日後には仮復旧が完了するが一般車両の通行は１か月後、さらに長期化する可能性がある。
	③	鉄道は１万９０００か所で線路変形などの被害を受ける。東海道・山陽新幹線も電柱や架線、高架橋などに被害を受け、全線が一時不通になり、三島～徳山間の復旧には少なくとも１か月かかる。
	④	空港は地震直後に点検などで静岡から鹿児島までの１８か所で一時閉鎖、高知、宮崎、中部、関西空港などは津波浸水を受けるが２～１４日程度で再開される
避難生活　関連	①	東京以西の太平洋岸都市交通機関は一斉停止、大阪、名古屋の２大都市圏の外出先で一時滞留を余儀なくるする人１０６０万人、うち大阪圏２７０万人、名古屋圏１１０万人は帰宅困難者となる。
	②	自宅が被災し避難する人は地震直後７００万人、うち４３０万人が避難所に入る。断水が長引くことから避難者は１週間後に９５０万人に増える。その中のおよそ５００万人が避難所生活になる。
	③	結果として自治体の備蓄や支援物資だけでは飲料水、食料は賄えない。最初の３日間で水４８００万リットル、食料３２００万食が不足、４～７日目の不足量は合計で水９９００万リットル、食料６４００万食に膨らむ。

このように、何もかも不足する状態が続くことから当然のこととして厳しい避難生活になることが予想さ

れる。東日本大震災後もそうであったように家なし食なしで過ごさなければならない日が長期間続くと考えなければならないのだ。

このような巨大地震、津波が超広域で現実に起こったら有識者検討会の検討範囲を遥かに超える悲惨な場面が一人一人の被災者の周辺で起こり、行方不明者の姿を追い、家族の消息を求めてさ迷い歩く人々の悲痛な顔をガレキの中に見ることになるかも知れない。

残念ながら南海トラフ巨大地震、津波は必ず起こると多くの専門家は断言する。

その南海トラフの想定規模は東日本大震災被害額の１３倍以上と推定されている。これで日本全土が大パニックにならないと言い切れる人はいないと思う。

多くの病院、学校、市役所、町役場、警察、消防などの官公庁施設も被害を受け機能が停止する可能性がある。加えて、建物崩壊や車の放置などで傷を負っても病院に搬送もできないなどの障害が発生したり、発電所のストップにより情報社会が無情報化になる可能性もある。大震災に遭遇した多くの人は冷静さを失い不安が不安を呼んで大パニックに発展する。

したがって、そうならないための訓練、事前対応策の徹底が重要になる。

都府県被害想定（公表資料より）

南海トラフの被害想定は地震に伴う津波の発生範囲や季節、時間帯などを組み合わせ９６通りの計算に基づいて策定されている。

死者、行方不明者は在宅率の高い冬の夜を想定、駿河湾から紀伊半島沖にかけて巨大地震が発生し大津波

岐阜県	愛知県	長野県	静岡県	山梨県	神奈川県	東京都	千葉県	主な都道府県名
500	32,000	50	109,000	400	2,900	1,500	1,600	死者・不明者数　（人）
8,200	388,000	2,400	319,000	7,600	4,000	2,400	2,400	全壊・消失建物　（棟）
32,000	1,300,000	8,900	900,000	22,000	77,000	15,000	58,000	1日後の避難者　（人）
1,100,000	3,700,000	1,200,000	2,000,000	560,000	47,000	12,000	9,600	停電　（戸）
1,100,000	4,900,000	1,200,000	3,400,000	570,000	230,000	15,000	8,800	断水人口　（人）
1,700	750,000	—	200,000	—	—	—	—	ガス停止　（戸）
1	81	—	80	—	—	—	—	携帯基地局停止率（%）
80	4,600	20	3,100	70	40	40	30	災害廃棄物　（万トン）
1.3	30.7	0.5	19.9	0.9	0.7	0.6	0.6	被害額　（兆）
	廃棄物、被害額最大		死者・不明者最大					備　考

（注）—は少数

岡山県	兵庫県	大阪府	京都府	奈良県	和歌山県	三重県	滋賀県	主な都道府県名
1,200	5,800	7,700	900	1,700	80,000	43,000	500	死者・不明者数　（人）
34,000	54,000	337,000	70,000	47,000	190,000	239,000	13,000	全壊・消失建物　（棟）
100,000	240,000	1,200,000	190,000	140,000	450,000	560,000	42,000	1日後の避難者　（人）
1,200,000	3,000,000	4,500,000	1,500,000	820,000	740,000	1,100,000	830,000	停電　（戸）
1,300,000	3,300,000	4,300,000	2,300,000	1,300,000	860,000	1,700,000	1,100,000	断水人口　（人）
30,000	7,100	570,000	36,000	38,000	19,000	91,000	500	ガス停止　（戸）
2	2	10	5	4	82	82	1	携帯基地局停止率（%）
300	600	4,300	700	500	1,700	2,200	100	災害廃棄物　（万トン）
3.2	5.0	24.0	4.5	3.4	9.9	16.9	1.6	被害額　（兆）
								備　考

鹿児島県	宮崎県	大分県	愛媛県	高知県	香川県	徳島県	広島県	主な都道府県名
1,200	42,000	17,000	12,000	49,000	3,500	31,000	800	死者・不明者数　（人）
5,900	83,000	31,000	192,000	239,000	55,000	133,000	24,000	全壊・消失建物　（棟）
32,000	310,000	140,000	400,000	510,000	160,000	360,000	100,000	1日後の避難者　（人）
1,100	530,000	570,000	710,000	420,000	480,000	370,000	1,700,000	停電　（戸）
	950,000	930,000	1,200,000	650,000	740,000	710,000	1,500,000	断水人口　（人）
77,000	42,000	—	41,000	20,000	55,000	21,000	4,600	ガス停止　（戸）
—	80	77	82	81	81	82	—	携帯基地局停止率（%）
50	800	300	1,700	1,900	500	1,300	200	災害廃棄物　（万トン）
0.7	4.8	2.0	10.9	10.6	3.9	7.0	3.0	被害額　（兆）
								備　考

が押し寄せた場合に最大の32万人になると想定したという。

都府県別では静岡県の10万9000人を筆頭に多くの被害者数が想定され、南海トラフ地震、津波の巨大さを強調し最悪の状態にならない為の「備え」を呼びかけたのだ。

このエリアで地震が発生した場合、数分後には伊豆半島西部の湾岸一帯を津波が襲い、数分後には第1波が静岡県や紀伊半島に押し寄せる。

津波は何度も何度も繰返し押し寄せ、次第に大きな津波に変化する。

前表は内閣府の有識者会議が数回に分けて公表してきた南海トラフ巨大地震の各県別想定被害であるが、これまで誰もが経験したことのない深刻な数字が並んでいる。この凄まじい災害内容を冷静に受け止め防災、減災対策を講じなければならない。

但し、被害範囲は日本海に面する石川、福井、鳥取、島根、山口、福岡、佐賀、長崎に加えて沖縄県までの関東以西全域にも及ぶ。そして、おそらく太平洋の対岸であるカナダ、アメリカ、メキシコから南米各国まで甚大な被害が及び世界最大級の大災害になる可能性が大きい。

その一方で、全国の沿岸570市町村のうち津波ハザードマップを策定しているのは60パーセント弱、具体的な津波避難計画があるのは30パーセントに留まっている。

住民の命を守る基礎的な作業すら行っていない上に、南海トラフ巨大地震、津波を想定した避難計画に着手した自治体はごく一部に過ぎない。あまりにも巨大過ぎてどう対応策を構築すべきか、人材と資金不足がネックになって足踏み状態が続いているのが現状なのである。

このような状態で万一のことがあったら32万人と想定された死者数が100万人に増えてしまうのではないかと恐れるが心配のしすぎだろうか。

建物全壊、焼失238万棟の恐怖

地震と津波の襲来はいかに科学技術が進み人智を尽くしても止めることはできない。まして、季節や時間にも関係なく襲ってくる。ただただ「守る」以外にないのである。

地震に対しては「耐震技術」を駆使してあるところまでは守れる。だが、津波に対してはどうにもならないもどかしさが残るのだ。とくに、低標高エリア内の木造家屋は東日本大震災のあの光景を思い起こすまでもなく無力そのものである。

その結果、東日本大震災では地震には何とか持ち堪えたものの、防潮堤を破壊し乗り越えた津波によって押し流され、がれきの山になってしまった。その数あわせて１１６万８５００戸に及ぶ。

おそらく、南海トラフが起こったら多分同様の光景になることは間違いないだろうし、より大規模でより凄惨な被害になるに違いない。

多分、阪神淡路大震災と東日本大震災が同時に起こったような光景になる可能性が高い。津波により押し流されたエリアと、残存したエリアは大火災の発生が予想されるからである。

ある人は津波に呑まれ、またある人は倒壊建物の下敷きになり、さらには火災旋風の中を逃げ惑って命を落とす。まさに地獄絵そのものの光景が関東以西の都府県下で繰り広げられるかも知れない。

その結果、全壊全焼建物はおよそ２３８万棟、死亡と行方不明者は何度も述べるが３２万人強、およそ東日本大震災の１７倍近い数字になる。そして、がれき量は3億１０００万トン、およそ東日本大震災の１０数倍にもなる。

ちなみに関東大震災における焼失家屋は４４７０００戸で三日三晩燃え続け、焼死者は１０万人。阪神淡路大震災では家屋の全半壊２４万９１７８戸、死者不明者６４３４人だった。

最悪を想定した数字とはいえ南海トラフ巨大地震は、わが国の歴史上最大最悪の地震、津波になる可能性が大である。震度６弱以上の強い揺れが２４都府県で起こり、高さ１０メートル以上の津波が各地を襲うのである。

当然ながら行政支援には限度があるため９５０万人もの避難者をどうするかが大きな課題になる。現状では利用者に優先順位をつける「避難者トリアージ（選別）」という対策に移行せざるを得ないという。

また、避難所や指定避難施設、備蓄品そのものが津波に流される、あるいは使用不能になるケースも相当数でることが想定されることから、抜本的な見直しにせまられているのが現状である。

いずれにしても、阪神淡路と東日本大震災が合体した型の巨大震災になることから、全国各地の被災地域では想像を越える大混乱、大パニックになるのは必至である。

その際、大きな問題になるのは避難所、食糧、飲料水の確保と共に仮設住宅の建設である。避難所に入れない多くの人々をどうするか、酷寒の季節なら凍死者、餓死者が多勢でるのではないか、という心配もある。仮設テントに毛布1枚ではとても我慢できないからである。

このように、万一の際の大混乱は不可避としても最も重要なのは「人命」をどう守り、犠牲者を増やさない仕組みづくりをどう徹底するかである。だが、発生直後の混乱のさなかに「一人ひとりの状況を正確に見極めたり誘導するのは極めて難しい」とある行政担当者はいう。

多分、東日本大震災でもそうであったように本震発生後の数ヶ月間は震度4～6クラスの余震が続き、さらに被害が拡大する恐れがあること、がれきの山となった街なかや集落を動きまわるのは危険である上に、被災の状況判断がつかないといった理由があげられる。

死者、不明者の収容と捜索は長期間に及ぶのは当然としても、医療施設の被災によって負傷者の治療もままならない状態はしばらく続く、と考えなければならない。そして、「巨大地震、津波がくれば１０日や２０日は行政支援は期待できない」という人も多い。

つまり、孤立無援が続くと考えた「自助、共助」対策が極めて重要になる、といってもいいだろう。

いずれにしても、このような巨大地震が起こらないことを祈るしかないが、阪神淡路大震災も東日本大震災も誰もが「まさか」という油断があったことは事実、事前予知技術は進んでいるもののまだ十分な段階に至っていない。したがって、いつ起こっても対応可能な「防災意識」と「備え」を常日頃から準備しておくことが重要なのである。

第4章

「首都直下巨大地震」が東京を襲う

M７・３　驚愕の想定被害

１９２３年に発生した関東大震災から９０年以上経て首都圏は様変わりした。人口規模は３０００万人、人口の一極集中で木造の密集市街地が拡大し都心、副都心部には超高層ビルやマンションが林立、地中深くには網の目のように地下鉄が整備され地下街が広がり、空中には高度成長期を象徴するような高速道路が走りその沿線には無数の中高層ビルが立ち並んでいる。

とくに、近年急増したのがマンションである。雨後の竹の子のようにいたるところに建設が進んで立体都市化が進んでいる。１９８１年の新耐震基準施行以前の老朽建物、マンションもおよそ２万５０００棟残っている。そして、問題の木造密集地は環状７号と８号を軸に広大な木造住宅ゾーンを形成、鉄道、幹線道路に沿って放射状に拡大している。

超近代的なオフィスビルやマンション、公共公

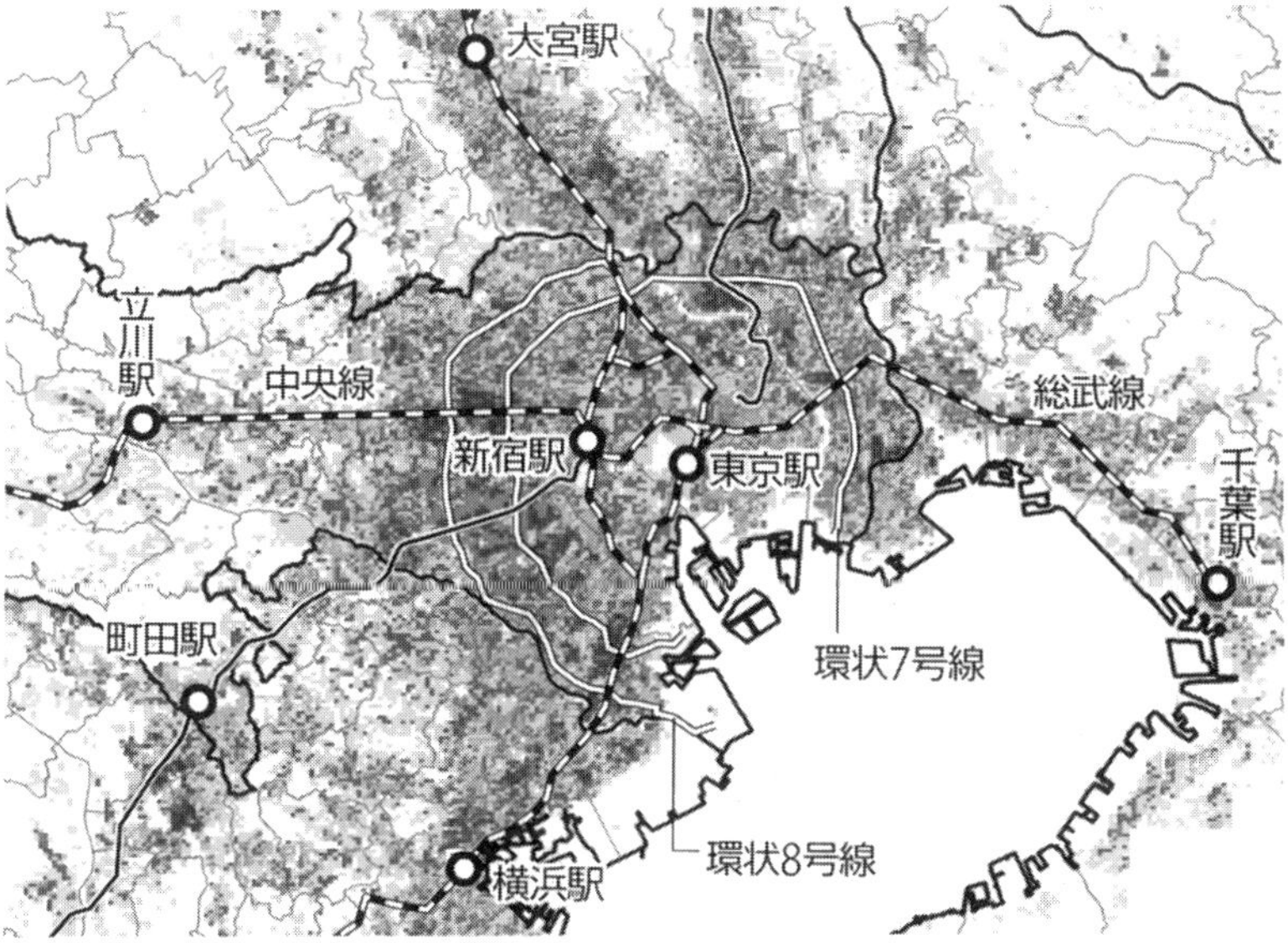

図５　首都直下巨大地震による環７沿え大火の想定エリア

（出典）中央防災会議

益施設が立地する一方で消防車も入れない細街路に面して隣家間が1メートルにも満たない老朽住宅が密集しているエリアがいたるところに存在する。一旦火が出たら消火活動が不能な危険エリアは、とくに下町地域といわれる荒川、葛飾、墨田、江東、江戸川などの各区と大田、世田谷、杉並区などに集中している。一般的に１９８1年以前に建築されたいわゆる旧建築基準法に基づく住宅、マンション、ビル等については基本的に耐震補強が不可欠だが、例え補助制度を活用しようにも自己負担が伴うため公共公益施設を除く民間建物の補強は殆ど進んでいないのが現状である。

これが直下巨大地震で倒壊し道路をふさぐ、さらに老朽化した高速道路や看板の落下、放置自動車などが障害になって、交通体系がずたずたになる。したがって消火活動は殆ど期待できずこれが火災拡大の大きな要因になる。

関東大震災時と現在とでは比較にならないが当時の焼失家屋は４４万７０００棟で三日三晩燃え続け、死者は１０万５０００人に及んだ。

その後、東京を中心とする首都圏は過密都市化し建物被害６１万棟のうち、全焼家屋は４１万２０００棟、関東大震災の１・３６倍の倒壊、焼失が想定されている。人口密度は3倍になり中央防災会議が公表した死者2万３０００人という想定数は余程の好条件下での地震でない限りあり得ない少数である。

最も被害が大きくなるのは火気の使用が多い冬の夕方などの悪条件が重なった場合だ。おそらく密集住宅街を中心に至るところで火災が発生し、「火災旋風」となって天に立ち昇った時である。

以下、２０１3年１2月１9日に中央防災会議から公表された「首都直下型」マグニチュード７・３、震度6強～7地震の想定被害内容を示す。

人・生活関連	死者	2万3000人
	全壊・焼失棟数	61万棟（うち焼失41万2000棟）
	避難者	720万人（2週間後に最大）
	帰宅困難者	800万人（1都4県、平日正午）
	停電	1220万戸
	ガス停止	159万戸
	断水の対象人口	1440万人（上水）
	利用困難な下水道の対象人口	150万人
	携帯電話	ほぼ通じず
	インターネット	ほぼ利用不可
	食料不足	3400万食（震災後1週間の合計）
	エレベーター閉じ込め人数	1万7000人
	対応困難患者数	1万3000人（入院）
東京都	死者	1万3000人（区部1部1000人）
	全壊・焼失棟数	33万3000棟（区部22万900棟）
	震度6以上の面積	1200平方キロ

神奈川県			千葉県			埼玉県			インフラ（交通系）						
死者	全壊・焼失棟数	震度６以上の面積	死者	全壊・焼失棟数	震度６以上の面積	死者	全壊・焼失棟数	震度６以上の面積	一般道路	高速道路	ＪＲ在来線・私鉄	地下鉄	新幹線	空港	港湾
５４００人	１３万６０００棟	１０５０平方キロ	１４００人	４万２０００棟	１２３０平方キロ	３８００人	９万７００棟	１０１０平方キロ	高架橋の崩壊など５０か所、中小被害１０３０ヶ所	中小被害６２０ヶ所	運転再開まで最長１か月	運転再開まで１週間	東京～小田原間が１週間運休	羽田空港の滑走路２本が液状化で使用不能	岸壁２５０か所が被害

被害総額は９５・３兆円、およそ国家予算の１年分に相当する。だが、災害危機管理の専門家は「国が公

表した犠牲者、被害内容で済む筈がない」と断言する。

死者を出す最大の要因は住宅やビル、マンション、工場などの倒壊による圧死と、最大６００か所から同時に失火し４１万棟が焼失することによる焼死である。

このように、大震災で起こる火災は同時多発性と交通体系の混乱が重なって消火活動はまったく期待できないと考えるのが普通である。それどころか幹線道路に詰まった車に次々と火が燃え移り、ガソリンに引火してダイナマイトの導火線のように次々と爆発炎上する危険性もある。

阪神淡路大震災でも明らかなように、直下型地震の脅威は家屋倒壊と火災である。例えば、近くの公園などに避難しても周りを猛烈な火と煙に囲まれて逃げ場を失うケースもあるからだ。

関東大震災では、放射熱と煙に耐え切れず川や池に飛び込んで溺死し死体で埋まったという話も伝わっている。中央防災会議の想定範囲で済むとはとても思えないのである。

積み木細工のまち・東京

地震だけはいつ、どんな場面で起こるかわからない。ある人は会社で、またある人は地下鉄やＪＲ車内、あるいは首都高速上で強烈な揺れに遭遇するかも知れない。だが、自宅であれ外出先であれ被災した場面を想像して常に命を守り家族を守る行動がとれるように心掛けておく必要がある。

なぜなら、「南海トラフ」と「首都直下」巨大地震の発生リスクが高まり「いつ発生してもおかしくない状況」と国の専門機関が公表し注意を促したからである。○○年内に○○パーセントの確率で発生するということは、今日も明日も含まれるのである。しかも、この２つの巨大地震の被害は東日本大震災を遥かに上

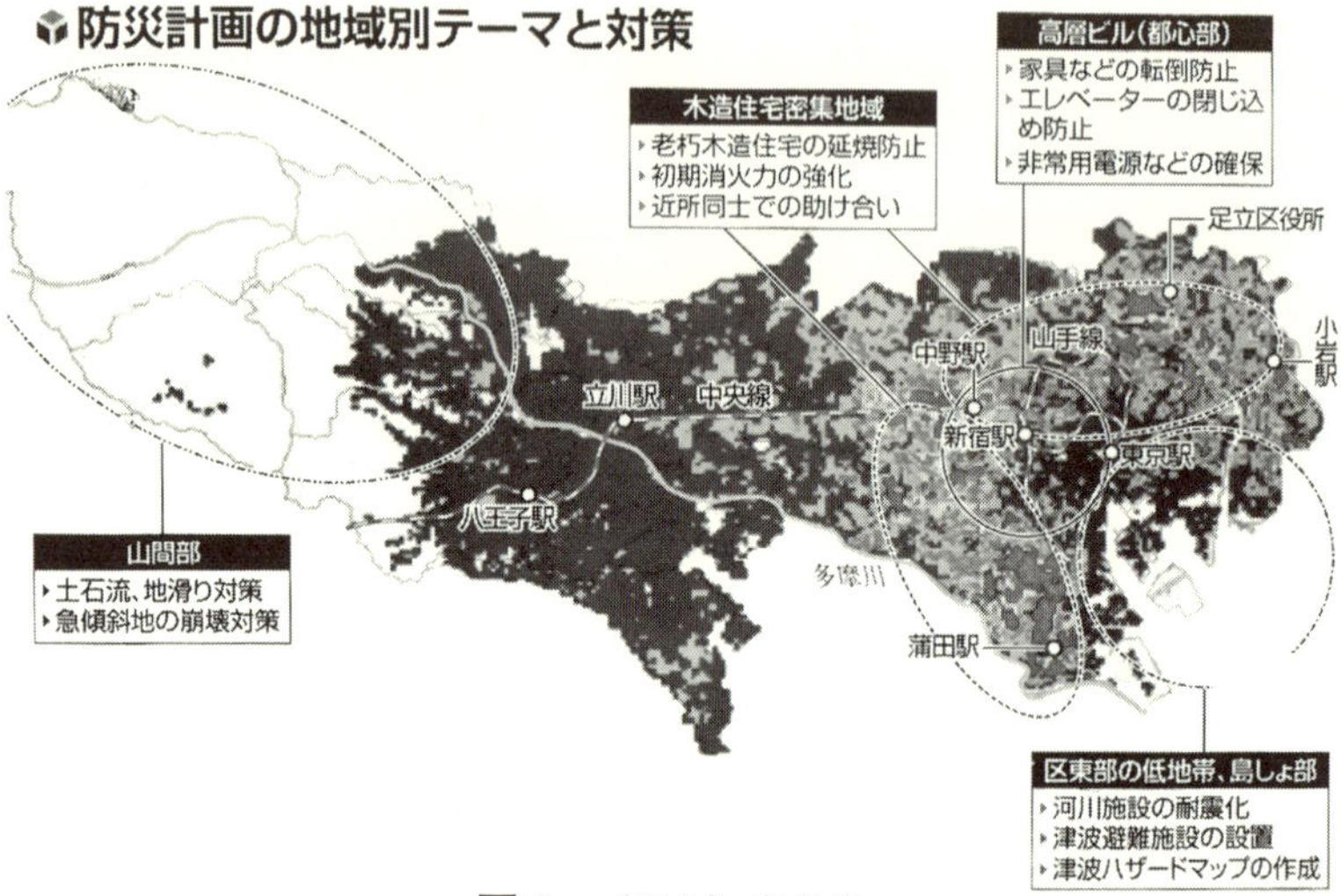

図6　（出典）東京都

回る規模になると予測されている。

東日本大震災では東京、名古屋、大阪などの主要都市は殆ど無傷で済んだが、この3つの巨大都市は震度6～7と想定されており、南海トラフでは主に静岡、名古屋、大阪そして次に東京が、首都直下では東京、横浜が壊滅的な打撃を受けると想定されているのである。

どちらもわが国が立ち直れない程の被害を受ける。にもかかわらず国も地方も経済対策に血眼でこの2つの巨大地震対策には「国土強靭化」を口走るだけで国家プロジェクトとしての取り組みにまでは至っていない。

このような状況下で、首都直下巨大地震が首都圏を襲ったらどうなるかである。確かに公共性の強い建物の耐震補強は進んでいるが、災害のウィークポイントである木造住宅密集地域およそ1683ヘクタールの防災対策は殆ど進んでいない。

世界に誇るスカイツリーの周辺も、中高層ビルやマンション群と共に下町特有の木造密集市街地が広がっている。見下ろす風景は美しいが実に危険極まりない街に変質しているのである。

関東大震災時には大半が木造の街並みだったのだが、現在は鉄筋コンクリートの建築群が空高くそびえ、地下には地下鉄や地下街が拡大し完全な立体都市に変貌している。旧態依然とした街と近代的な空間が混在して、立錐の余地なく地平の彼方まで拡大した「積み木細工」のような脆さを感じる東京になってしまっている。

近年の木造住宅や超近代的なビル、マンションは耐震性は備えているが、問題は密集化して火災に弱い点だ。とくに、非耐震建造物の倒壊と類焼の可能性が高まった街構造になっていることにある。燃えるのは木造だけはなく中高層ビルやマンションも同様である。一旦火がつくと手に負えない勢いで燃え上がり被害を大きくする。

加えて、現在東京には超高層ビル（地上60メートル以上）が1000棟余りありなお増殖中である。これらの建物が独特の長周期振動によってどのような被害をもたらすか、予断を許さない存在になっている。

そして、最も巨大地震に弱いとされる軟弱地盤地域が広がる下町と臨海エリアの液状化問題がある。とくに、荒川流域にある江東、荒川、葛飾、江戸川などの区部は地盤が弱い上に1981年以前の非耐震建築物の密集度が高い。したがって、倒壊と火災の危険性は一段と高まっているといってもいいだろう。

そして、もうひとつの不安要因は低地盤エリアの拡大である。とくに江東、墨田、江戸川3区は区部の50～75パーセントがいわゆる海抜ゼロメートルエリアで、洪水、津波の浸水が最も危険視されるゾーンになっている。

このような軟弱地盤とゼロメートルエリアが相乗して直下型巨大地震にどう反応するかだが、もともと東京の東部は海や池、湿地などを埋め立てて造られている。そうしたエリアは相対的に地盤が軟弱で過去の震災でも大きな被害を出している。

また、都心部の丸の内、日比谷、霞が関も古くは日比谷入り江と呼ばれる海だった。つまり都心の主要部の地盤にも大きな不安があるのだが、今そのエリアには超高層ビルが高さを競うように立ち並んでいる。

超高層ビルやマンションが立ち並ぶ都心、副都心エリアと臨海エリア、それとは正反対に細街路に古い住宅や小規模ビル、マンションが密集する周辺エリアが混在して、巨大化した「東京」や「横浜」は「積み木細工」のような脆弱さを併せ持つ巨大都市に変貌している。このことを再認識し、防災、減災対策を充実させなければならない。

インフラ崩壊で首都機能マヒ

かっての東京は、地震に限らず最も恐ろしいとされたのが火災である。現代のような消火体制もなく耐震耐火性に乏しかったからだが、それゆえに逃げ場と延焼を食い止める「火除地」という発想が都市計画の中心に据えられていた。

現在の上野公園はその一部である。だが、この広大な空間も機能の拡大に伴って「土地の高度利用」が都市計画の柱になり、オープンスペースは減少して立体都市化が進んだ。それを可能にしたのが鉄とコンクリートを主体とする土木建築技術の進歩である。

現在では、世界に誇る耐震技術を駆使し、世界有数の地震国である日本で地上３００メートルの超高層ビルや６３４メートルの東京スカイツリーを建設するまでになった。一方地下空間は所有権の及ばない「大深度」（地表から４０メートル以下）に地下鉄や道路が建設される時代になっている。

それ自体はすばらしいことである。そして、東京には業務、金融、官公庁、文化、流通などに加えてマンションなどの多重機能の集積が進み、それらを支えるインフラ整備も同時に進んで世界都市東京が誕生し、２０２０年の東京オリンピック、パラリンピックに向けてさらなる整備が行われる。

だが、阪神淡路大震災では中心部の焼失と共に高速道路の崩壊というショッキングな事態が起こった。東京にはすでに耐用年限を過ぎたものも含め総延長３００キロの首都高速道路に加え、ＪＲ、私鉄、地下鉄が網の目のように整備され日常が形成されている。

インフラの中心は、この首都高速を含む道路網と鉄道網である。他に空港、港湾、病院、通信、行政施設などが含まれるが、とくに危険とされるのが首都高速道路網である。

東日本大震災ではほぼ無傷で済んだが、首都直下巨大地震はその１０数倍の被害が予測されており、老朽化著しい首都高の倒壊、落下によって都市機能がずたずたに分断される可能性があると多くの専門家は指摘する。

首都高の大規模更新計画は発表されたものの、相変わらず致命的な損傷を負う可能性は高いとみるべきである。

そして、もうひとつのリスクは鉄道だ。

東日本大震災では大きな被害はなかったもののすべてのＪＲ、私鉄、地下鉄がストップし５１５万人もの帰宅困難者で大混乱に陥ったことを忘れた人はいない筈だ。

首都直下地震の場合も当然ながらあらゆる交通機関がストップするだろう。そして帰宅困難者は１都３県で８００万人を超える（平日昼間の場合）。東日本大震災時とは被害の程度が違うのである。いたるところで火災、建物倒壊、構築物の落下などによって歩いて帰ることすらできなくなる可能性が高いからだ。

そして、高架を走る電車の脱線転覆があるかも知れないし駅舎、架線支柱、高架橋の破損がいたるところで発生して多くの人命が奪われる可能性もある。

都心の大半は震度6強、江東区などの一部が震度7と想定されていることから、政府は「首都直下地震大綱」を改訂し被害を最小限に抑える減災対策に取り組む決定をした。だが、どのような具体策を講じるのか詳細は不明である。

そして、極めつけは地下空間対策だ。

地下空間は一般的に地震には強いとされているため中央防災会議の作業部会における地下街や地下鉄の被災に関する検討結果は明らかにされていない。「首都直下地震」では津波の発生は予測されていないが、問題は東海、東南海、南海の3連動地震、いわゆる「南海トラフ」がマグニチュード9の規模で起こった場合である。

東京湾では満潮時で2・5～3・0メートルの津波が予想されている。また、横浜港では4・9メートルの津波が襲うと県が公表した。東京湾には高潮対策の防潮堤や水門はあるものの津波を防ぐには不十分である。

そこに思わぬ被害をもたらす可能性が残っている。最大の不安は地下深くに潜る地下街や地下鉄である。地下都市といわれるほどに開発の進んだ地下空間には首都圏全域を支える東京メトロ、都営地下鉄を始め配電設備や情報通信網などが張り巡らされている。とくに地下街や地下鉄は毎日数百万人もの人が利用している。

中でも、東西線、有楽町線、日比谷線などは湾岸部を走っており、津波浸水の可能性は否定できない。万一そのようなことがあれば都心に向かって深くなる地下鉄の中を海水が押し寄せ、暗黒のトンネルや駅舎内が大パニックになることも予想される。

このような災害は横浜市、大阪府も同様である。地獄絵図を現実のものとしないためには安全神話を捨て、最悪に備えることが肝要である。

巨大地震や津波には、防潮堤などの構造物では防ぎようのない複合災害が起こるということを東日本大震災で経験した。だが、どうしても安全神話に頼る傾向があって少なめの被害想定になりがちである。

地震の規模や発生源の位置にもよるが、公表された２つの巨大地震では大規模な延焼や四方を火災でふさがれて多くの命を失う。インフラが壊滅的打撃を受けて首都機能が崩壊し、数か月間マヒが続く、といった事態も現実に起こり得る。

したがって、甘い発想や対策は厳禁である。

どうなる帰宅困難者800万人

国の中央防災会議が首都直下地震に用いた「都心南部直下地震」はフィリピン海プレートが首都圏の下に潜り込んでいる岩盤の内部で起こる比較的浅い地震を想定している。

都心に近い品川、大田区などの地中深くで安政江戸地震と同規模のマグニチュード７・３の地震が起こるとしたものだが、その他にも

①　千葉市直下（M７・３）タイプ
②　立川断層帯（M７・１）タイプ
③　西相模灘（M７・３）タイプ

④　茨城県南部（M７・３）タイプ
⑤　さいたま市直下（M６・８）タイプ
⑥　横浜市直下（M６・８）タイプ

の6パターンが想定されている。いずれも海溝で起きるマグニチュード8～9クラスの巨大地震より規模は小さいが、足元で発生するため阪神淡路大震災以上の大きな被害が懸念される。

現代の東京は、これまで述べてきたとおり関東大震災当時に比べて建物の耐火性や防火性能は格段に高まっている。だが、超高層ビルや広大な地下街が増え、ビルとビルが地下道で結ばれたり地下鉄で連担していて、どこかが崩れると一気にエリア全体が機能しなくなるというリスクが潜んでいる。

そういう点で最も恐ろしいのはビルの地下火災である。ビルの地下空間にはビル全体の冷暖房をコントロールする空調設備、変電室、自家発電設備などがあって、どこかで発火すると次々と飛火し地下全体に煙が充満したり停電して暗闇になる可能性がある。

場合によっては、暗闇の地下鉄内に煙が流れて大パニックに発展し想定外の被害が出る恐れも十分にあるのだ。利便性を追求するあまりに別のリスクが生じる。これが現代都市の特徴なのである。

火災旋風に巻き込まれる可能性が高いこと、そして、大勢の人々が逃げ惑ったら人が人を押し潰す「群衆雪崩」が起こる心配もある。

関東大震災の例だが、陸軍被服廠跡（現在の墨田区横網公園）に避難したおよそ4万人が身動きもとれないほどの大混乱の中、大火に襲われて3万8０００人が命を失ったという記録がある。その多くは修羅場の中で起こった群衆雪崩によるものだった。

さらには、逃げ惑っている間に生きたまま火災旋風に巻き上げられたという恐ろしい話も伝わっている。

都心部は環状７~８号線沿いが火の海状態になると考えればいい。そして、直径百メートルもの巨大な火の竜巻、「火災旋風」がいたるところに舞い上がり東京の空を焦がし続ける。

４０~５０万棟もの家屋やビルが燃え続ける地震火災とはこのように想像を絶する恐ろしいものである。中央防災会議での火災による死者数は最大１万６０００人、出火防止や初期消火で犠牲者は８００人にまで減らせるという想定を行っているが、交通体系がめちゃめちゃに破壊され、いたるところで火の手があがった状況の中で、一体だれが初期消火を行い得るのかである。

とくに、高齢者、単身世帯が増えた上に安全な避難先や空間が少ない東京では、残念ながら関東大震災を上回る犠牲者数になる可能性が高いと見なければならない。

その理由は「自助・共助」の意識醸成が絶対的に不足していること、国や自治体への依存心が強く大災害になっても助けてくれる筈という「公助」意識が根強いことにある。

だが、東日本大震災の際の交通機関全面ストップで帰宅困難に遭遇した５００万人もの通勤通学者は、長時間歩く中で地震の恐ろしさと共に「自助・共助」の重要性と厳しさを味わった筈である。

薄れゆく大震災の忌まわしい記憶を呼び戻し、事前の備えを徹底して欲しいと思う。

埋立地と低地盤地域の厳しい現実

都心南部で断層が動きマグニチュード７・３の地震が起きた場合、震度６以上の範囲が４４９０平方キロに及ぶと国の機関が公表した。当然ながら、東日本大震災で大きな被害を受けた軟弱地盤地域はより大きな被害になる可能性が大である。

東京湾岸エリアの多くは埋立による造成地である。３・１１で発生した大規模な液状化で証明されたように、直下地震に対する不安は依然として強い。震度6強が7になると揺れの強さは2倍に、マグニチュードが1大きくなると地震の規模は３２倍になるからである。

その湾岸エリアには膨大な石油やガスの備蓄タンク、製鉄、化学工場はじめ、娯楽、情報、流通関連施設などわれわれの都市生活を根底で支える施設が所狭しと立ち並んでいる。

だが、その風光明媚な臨海エリアもひと度大地震に襲われるとさまざまな弱点をさけ出す。東日本大震災で大きな被害を出した液状化もそのひとつとみていいだろう。

とくに、江戸川区の臨海部や千葉県の浦安市、船橋市の沿岸部は液状化と共に広い範囲で建物が傾いたり、上下水道、ガス、電気などのライフラインがいたるところで破損した。下水道のマンホールが1メートル以上も押し上げられたり、地盤沈下によりいたるところで段差ができたり、道路が波打つ、電柱や塀が倒れるといった軟弱地盤の脆さが露呈した。

東京ディズニーランドも大きな被害を受け長期間休止に追い込まれたのは知る人ぞ知るである。

そして、それまで平和に暮らしていた地域住民の多くは、揺れと同時に住宅が微妙に傾いたりライフラインの破損によって長期間不自由な生活を強いられたのだ。と同時に「液状化イコール軟弱地盤エリア」という厳しい現実に直面しその対策に追われたのである。

数百万かけて地盤改良（特殊なコンクリート液剤を地中に注入し地盤を固める）工事や微妙に傾いた住宅を元に戻すための工事が必要になるなど、大きな損失を被った。

だが、首都直下地震は違う。神奈川、東京、千葉の東京湾岸部はもとより川崎市の中心部から東京の太田、中央、江東、江戸川、墨田、台東、荒川、葛飾、足立、北区の他、埼玉県の八潮、川口、戸田市などの荒川沿いの各区市の大半が液状化の危機にさらされる可能性がある。さらに、仮に津波が発生しなくとも水門や堤防が壊れたり沈下したりで江東、江戸川、墨田、葛飾区などおよそ76平方キロに及ぶゼロメートル地帯が2～5メートルほど浸水し、ビルの2階程度までつかる場所も出るという。

仮に、そのようなことが起こったら事はこのエリアにとどまらず、地下鉄東西線、都営新宿線の最寄駅から浸水し、地下鉄のかなりの部分が水に埋もれて長期間運行不能になる可能性もある。

さらに、墨田区を中心に木造密集市街地が連なり、倒壊家屋と水没エリアが相乗して避難もままならずに命を落とす人が増えるかも知れない。とくに、液状化想定地域では最大2万２００棟が全壊すると中央防災会議が公表した。これに伴って死者数も増えることは間違いない。

直下地震による家屋倒壊、火災、水没、液状化、ライフライン、インフラの大規模破損など、想像を絶する災害が予想される軟弱地盤地域とゼロメートルエリアは、首都圏内でもとくに警戒が必要な危険地帯といっていいのだが、今のところ双方共にこれといった効果的な対策は進んでいない。

とくに、東日本大震災で市面積の大半が液状化した千葉県浦安市では、数１０戸単位の合意があれば地盤改良（液状化防止）工事を施工すると地区住民に呼びかけを行っているが、困難を極めている。

その理由は1戸当たり１００～２００万円とされる負担にある。大震災で高額の被害が出たため追加負担に応じきれない家庭が多いのだ。国は１5年度末までの着手を復興交付金の補助要件としているが、期限が迫る中どれ程実施されるか見通しは暗い。

仮に、このままの状態で南海トラフや首都直下地震が起こったら再興に数十年かかるほどの大災害になることを覚悟しなければならないだろう。

ライフライン破断で生活マヒ

首都直下地震に伴う「緊急対策指定市区町村」が2014年3月末に発表された。震度6弱以上か3メートル以上の津波が想定される地域で、10都県310市区町村の広範囲に及ぶ。埼玉、千葉、神奈川県と東京都は全域、茨城県は太平洋岸のおよそ3分の2、栃木、群馬県は4分の1、山梨、静岡県は3分の1程度の市町村が対象エリアになっている。

その主旨は、倒壊や火災の危険が高い木造住宅密集市街地の解消や、帰宅困難者対策などを盛り込んだ地域防災計画づくりと、各市町村の防災計画策定を国が支援し加速させようとすることにある。

さらに、行政・経済の中枢機関が集中する東京の中心、千代田、中央、港、新宿の4区については「首都中枢機能維持基盤整備等地区」に指定し、帰宅困難者の一時滞在施設の増設のために必要な規制緩和を行う予定だ。

これは、東日本大震災当日のあの大混乱を反省してのものと思われるが、首都直下地震では最悪の場合550万人（都区内）という帰宅困難者が想定されることから、混乱を最小限に留める狙いがあってのことと思われる。それはそれで重要な対策である。だが、これまで縷々述べてきたように南海トラフも首都直下地震も想定を遥かに超える壮絶なものになる可能性がある。

例えば、公表された数字のような全壊・焼失61万戸だ。これが現実に起こったら一瞬のうちにおよそ2000万人もの人たちが露頭に迷うことになる。たとえ生き残ったとしても地獄絵そのもの、大パニックになるのは間違いない。

果たして、200万人を収容するに足る避難施設があるのか、長期にわたり水、食料備蓄、トレイが賄えるかという問題が残る。東日本大震災で被災地の人たちが味わったあの苦しみ以上の苦しみが人々を襲うのは間違いない。これまでの電化生活が藻屑と消えるからである。

津波被害は少ないものの、狭い範囲に住宅やらオフィスやらありとあらゆる機能が集中し、高密空間を形成しているがために、「積み木くずし」と称したが、まさに「ガラス細工」のような脆さを併せ持った東京であり首都圏になっている。

鉄道が止まれば事実上都市活動はストップするといったように、すべてが連鎖反応を起こして機能停止に陥り半身不随なってしまう。巨大地震はそれらを同時に引き起こす史上最悪最凶の自然災害なのである。

とくに、われわれの日常生活に一時も欠かすことのできないライフラインの破損は、より深刻な問題を引き起こす。上下水道、電気、ガスがその主なラインだが地震によって浄水場が破損したり、大規模水道管破断を引き起こした場合は長期断水も覚悟しなければならなくなる。すでに、水道管の３０～４０％は耐用年限を過ぎており、順次取り替え作業は進めているが追いつかない状態が続いている。

現想定では１週間で８２パーセント、１か月で９７％の復旧が見込まれてはいるが果してそのように順調な回復が見込めるのかどうかである。いずれにしろ、１か月以上も断水するエリアの住民は極めて不便な生活を強いられる。

また、それ以上に大変なのが下水道の破損であろう。水が出ない、水が流せない。従って、トイレもシャワーも使えないという生活には限界があるからだ。おそらく、公園という公園には仮説トイレが設置されて当座を凌ぐことになるのだろうが、大混乱になるのは間違いない。

そして、停電である。東京湾岸の火力発電所が地震で破損し、首都圏全体のおよそ半分にあたる１２２０万戸が長期停電になる可能性があると公表されたからである。

東日本大震災では、湾岸の液状化地域を除き停電で大混乱に至ることはなかった。だが、直下地震では電線や電柱の破損、６１万戸に及ぶ倒壊と大火災などの悪条件が重なり大規模停電が長期間続くことを覚悟しなければならなくなる。エアコンも冷蔵庫も止まって食料品のストックはできず、パソコン、スマホ、テレビによる情報も途絶えてひたすら復旧を持つ不安の日々を過ごすことになるかも知れない。

中央防災会議の報告書によれば直接の被害額は東日本大震災の２・８倍だが二次被害を含めると５〜６倍になるのである。狭い範囲にあらゆる施設や機能が集中していることで結果的に巨大な被害になるのだ。

さらに、ガスのストップが続く。広い範囲で強い揺れを感知し１５９万戸の家庭で供給が自動的に停止する。ガスの復旧は比較的早いものの長いところでは１か月以上使用できない状況が続く。

また、お互いの安否確認に欠かせない電話だが、固定電話の９０パーセントが不通になる。携帯電話に関しては基地局の非常用電源が１日後には燃料切れで使用不能になり、以後、停電による通話障害が続き復旧するのはおよそ１か月後になるという。

その間は、避難所などに公衆電話や移動無線基地局が設置される可能性はあるが、通常のようなメールや通話は大幅に制限され極めて不便な生活を強いられる。

加えて、首都圏の鉄道は全線不通、主要道路は交通規制、羽田空港は液状化で滑走路の一部が使用不能といったように、ライフラインの寸断で生活は完全にマヒする。最悪の場合は各所で略奪が起こったり、食料や水を求めてさ迷い歩く人たちが増えるのではないかと危惧される。杞憂に終わることを願うのみである。

以下は国の中央防災会議が公表した「１都８県」のライフライン被害の発生度合いと復旧見通しである。

	上下水道	電　力	ガ　ス	通信
震災発生時	断水被害１４４０万人、浄水場、水道管が被災し、給水ストップ。 下水処理場も同様に運転停止。 断水率３１％。	停電１２２０万戸、震度６弱以上で火力発電所が停止。 電線電柱破損による停電も多発。 供給不足４９％。	供給停止１５９万戸、広い範囲で強い揺れを感知し自動停止。 災害病院、避難所にはガス発生設備を設ける。 供給停止１７％。	固定、携帯電話ともに９０％が通話制限。 １日後に非常用電源の燃料が切れ通話不能になる。
１週間後	断水８５０万人、下水道の利用困難者は１２０万人。 復旧は徐々に進むがなお断水が続く。 断水率１８％。	大規模停電つづく、火力発電所の運転再開は限定的で電力不足のまま推移、不便な生活つづく。 供給不足４８％	全国のガス会社から応援を求め、ガス管の復旧を推進し供給を順次再開する。 供給停止１３％。	停電による通話障害続く。 通話規制は緩和されるが、停電による通話障害は改善されず。
１か月後	断水１４０万人、下水道の利用困難者５万人。 浄水場も下水処理場も水道管の復旧が進む。 断水率３％。	停電はほぼ解消、火力発電所の多くが運転再開。 関東以外からの電力融通によって９０％まで回復する。 供給不足６％。	大部分で供給再開、都内は復旧が遅れるが、その他地域はほぼ回復。 １か月半後には全面再開できる。 供給停止５％。	通話障害の多くが解消。 固定、携帯電話ともに復旧。

交　通	生　活
首都圏の鉄道全線不通。 都心の主要道路で交通規制、その他の道路も深刻な渋滞で混乱する。	帰宅困難者800万人、鉄道の前線不運により帰宅は困難に。 避難者は300万人になる。対応困難な負傷者1万3000人。
新幹線の運転再開、震度5強以下の地域の鉄道は運転再開。 震度6弱以上の地域は不通が続く。 主要道路の交通規制一部解除。	避難者が増加する。断水や停電で増え続け2週間で720万人に。 ガソリン、医薬品、食料品不足も深刻に。 車中生活者のエコノミークラス症候群増える。
高速道路全線開通、鉄道の60%復旧。 主要国道など一部で交通規制つづく。	精神的ストレス顕著に。避難者400万人。 長期化で高齢者、要介護者の悪化が進み深刻な状況が続く。

以上が直下地震発生から1か月後までの想定内容である。だが、東日本大震災でもそうであったように本震の後震度3～5クラスの余震が続発し恐怖感に襲われたが、首都直下巨大地震はまさに巨大人口と政治、経済、生活関連機能が集積する首都圏を直撃する。したがって、その被災内容は想像を絶するものになることを覚悟しなければならない。

中枢崩壊で未曾有の困難が起きる

地震の震度が「6強」から「7」になると被害は2倍になる。その理由は電気、ガスなどのインフラとともに建物の耐震基準が6強を標準に設定されているからである。

勿論、安全率を見込んで設計されている。したがって、震度7になれば必ず倒壊や破損するということにはならないのだが、地盤の悪い地区における建物のうちとくに基礎（杭）工事の手抜きや旧耐震基準建物、塀などの工作物の類が危険にさらされるのは間違いない。

どんな建築物もインフラもライフラインも時が経てば劣化し強度が低下する。これが都市の老化である。したがって、耐震補強やリニューアルが必要なのだが追いつかないのが現状だ。阪神淡路大震災がそうであったように、巨大地震では劣化したり強度不足部分が大災害や二次被害を生むトリガーになる。

中央防災会議の公開数値は、その意味では不確定要因が多く想定値のひとつに過ぎないのだが、最悪の事態に備えることの重要性を示したという点では高く評価していいだろう。

また、被災の規模やライフラインなどの復旧日数などについて目安は示されたが、巨大地震では想定外の負の連鎖や二次・三次被災を生む要素が極めて高い。

細かくいえば、高齢者や重病者、身体障害を持つ人たちの避難方法、避難先を誰がどのような方法と手順で行うのか、エレベーターに閉じ込められた数千か所の現場に技術者をどのような方法で派遣し緊急対応させるのか、交通網が大混乱する中での人命救助策までは明らかにされていない。

そこまでは無理としても、直下地震は東日本大震災のような津波被災ではなく多くの場合は火災、建物崩壊、高架橋や橋の落下などが中心の被災になる。とくに、火災は木造住宅の倒壊に伴う失火が多くを占め、人命を失う一番の要因になる。

また、幹線道路や線路沿いに林立する旧耐震中高層ビルやマンション（概ね1981年以前に建築された建物）が道路や線路上に多数倒壊した場合、人的被害も含めて交通体系に大きな障害を発生させる。

それらを除去しない限り道路体系や鉄道網の復旧も遅延し、首都機能をマヒさせる要因になる。

時間帯にもよるが、仮に交通体系がストップした場合、政治の中枢である国会、首相官邸、各省庁が立地する霞が関への議員や公務員の招集が徒歩以外になくなる。

たとえ、官庁建物は無事であってもいたるところで高架橋が落下し倒壊建物が横たわり、火災旋風が巻き上がり落下した窓ガラスの破片や看板など様々なものが散乱した街なかを歩くのは二次被害を招くだけで到底不可能と考えなければならい。

「最も業務継続防災指令の障害となるのは中央省庁の人員不足」の指摘はこの点をついたものと解される。これが首都機能マヒを引き起こし結果としてわが国を機能不全におとしめるトリガーになる。

この緊急事態に対応するため、東京都は緊急輸送道路沿いの民間中高層ビルやマンション、公共公益建築物の耐震診断を義務づけ、耐震不足の建物に対して補助金交付を前提に補強工事を勧めているが、多額の費用を要するため思うように進んでいないのが現状である。

このような中で２０１４年５月５日早朝に起こった伊豆大島近海を震源とする地震では東京千代田区で震度５弱を記録、東日本大震災以来の大地震に多くの人が驚きを禁じ得なかった。

だが、南海トラフでは５強、首都直下では６強から軟弱地盤エリアでは７という想像絶する巨大地震になると公表されている。

震度７を記録した阪神淡路大震災では、多くのビルやマンションがコンクリート破断や亀裂により居住不能になり、復興に１０年余の歳月を要したことは周知のとおりである。

古くなった住宅、ビル、マンションや高架橋、橋、道路、トンネルなどのインフラ系はもとより総点検を実施し、止めることのできない自然災害に対し被害を最小限に留める知恵を絞る以外に方法がないのが現状である。

それが未曾有の被災と混乱を避け得る唯一の「減災対策」である。

第5章　防災・減災対策を急げ

欠陥だらけの防災・減災政策

安倍首相は２０１４年3月２８日の中央防災会議の冒頭で「大規模な災害から国民の生命財産を守るため備えをしていくことが重要、政府一丸となってスピード感ある対策を進めていく」と述べた。

そして、南海トラフ地震で最大３２万２０００人と想定した死者数を１０年間で８０パーセント減らす目標を掲げたのである。

首都直下地震による想定死者数２万３０００人も含めて減災目標は今後詰める、と述べた。東日本大震災の十数倍もの巨大で広範な地震から国民の生命財産を守る決意表明だったのだろうが、果たして決定的な方法があっての発言だったのか、それとも単なる政治的なアドバルーンだったのかは疑問が残る。

その理由は、国家の存亡にかかわる重大事だからである。加えて、南海トラフ巨大地震であれ首都直下地震であれどちらが起こってもおそらく地球史上最大級の大惨事になることが明らかだからである。

勿論、経済対策も地方創生もわが国にとっては重要テーマだが、万一南海トラフ巨大地震が起これば３２万もの人命と２２０兆もの膨大な財産が失われるのである。また、首都直下地震では２万３０００人とおよそ９５兆もの被害が生じると国が公表している。

さらに、その復旧復興には公私ともに兆大な資金と時間を要する。そして、失った命は戻ってこないしその数倍の負傷者が取り残される可能性もあるのだ。

阪神淡路大震災や東日本大震災のあの非情な光景を思い起こしてほしい。家族を失い友人を失い家も何もかも失って泣き崩れる多くの被災者の姿をである。

国は、当時の想定を遥かに超える大きな被害が出た反省から、「大規模地震防災・減災大綱」を定め南海トラフ・首都直下地震に対する基本計画骨子を次のように定めた。

・南海トラフ地震基本計画の骨子

①　最大死者32万2000人を10年間で80パーセント減らす。
②　津波対策で避難タワー整備や集団高台移転を進める。
③　広域被害に備え自治体が避難者受け入れや物資支援で連携する。

以上の3項目である。①を達成するためには②の実行が最低限の条件となる。国はこれを支援するため津波対策特別強化地域（1都3県139市町村）に対して、避難先である高台までの避難路整備や避難タワーの整備を進めるため、国庫補助率を3分の2に引き上げた。

34メートルの大津波襲来が想定される高知県黒潮町では集落ごとの高台移転を促進中だが、139市町村の大半は、

・財政難で3分の1の自己負担が困難。
・想定外の巨大津波に対応するノウハウ不足。
・防災対策職員不足。

などの理由で抜本対策に踏み切れずにいるのが現状だ。とくに、臨海部の人口密集地域ほどその傾向があり津波の怖さは認識しつつも合意形成の困難性に苦しんでいる。

一方、避難路や避難タワーの整備だが、南海トラフ地震に伴う津波の到来はおよそ5～10分前後、この間に全員が安全に避難するという神業に近いスピードが要求される。

近くに高層ビルやマンションがあれば当然避難施設として活用することになるが、問題は高齢者対策と近

隣に避難に足る高層建物が無い場合の対応だ。

高台避難は数１００メートルの距離が限界と考えれば残るのは避難タワーだ。だが、２０～３０メートルの津波に耐え得るタワーをどこにどのような形で設置するのか、高齢者、身体に障害を持つ人達を基準に考えた場合、昇降機能をどうするのかという問題も含めて極めて厳しい条件をクリアーしなければならない。

国は、国民の命を守るという立場から東日本大震災を教訓に複数のタワーモデルを提示し、全額国費で支援する大胆な減災方針を示すべきである。それが①を実現するもうひとつの方法である。

集団高台移転も同様だ。

だが、被災後の東日本各市町村の高台移転でも苦労が耐えないように、被災前の集団移転合意は関係各人の職業や権利関係、経済問題などの複雑な要因が重なって簡単に進まないのが普通である。

そこで、国は避難タワーを兼ねた中高層共同住宅、あるいはビル化、共同避難シェルターなどの選択肢を提示し、人命を守り減災効果を高める支援をすべきだと思う。

ただし、２０～３０メートル級の津波想定エリアに対しては高台移転以外に有効な手段は見当たらない。

・首都直下地震基本計画の骨子

①　政府は治安や金融機能維持など優先業務を続ける体制を整える。
②　木造密集地域の耐震化や火災対策を推進する。
③　帰宅困難者の安全確保のための一時滞在施設を増やす。
以上が首都直下地震に対する３項目である。①は首都東京の重要な機能である金融、経済や政治が滞ることのないよう万全を期すとの表明だが、問題は最大の被害になるであろう１７００ヘクタールの②木造住宅

密集地域の耐震化や火災対策だ。一体どのような支援と手順で実行に移すのかが不明なのである。長年に亘って密集地域の不燃化と住環境整備が課題になっているが、都内だけでも３３万３０００棟にも及ぶ全壊、焼失数が想定されているが、耐震耐火への取り組みが容易でないことは明らかだ。

万一にも想定どおりの大火になったとすると、想定死者数の大半は焼死によると推測されるところから、国と都は具体的な減災策と支援策を示し実行に移す手順を明らかにすべきである。

さらに、東日本大震災でも経験した交通系の全面ストップによる首都圏の帰宅困難者の大混乱問題だ。仮に、環状7～8号沿いの木造住宅ゾーンから一斉に出火、瞬く間に都心部が火の海に取り囲まれ孤立した場合だ。

そうなれば帰宅はおろか職場や一時滞在施設で不安な数日間を過ごさなければならなくなる。そのための滞在施設の充実や水、食料、毛布などの備蓄庫も増設し万一に備えなければならない。

国や都は、民間企業などと協力し総動員で非常時体制の強化に励まなければならないと思う。それが二次・三次被害を減らす減災政策の一環になるからである。

８００万人といわれる帰宅困難者も東日本大震災当時の状況とはまったく次元の違う巨大地震であることを肝に銘じなければならない。

内閣府と東京都などでつくる「帰宅困難者等対策協議会」はすでに各企業に対し、自社の従業員向けに3日分の食料（一人9食）飲料水（同9リットル）のほか、毛布などの備蓄を求めている。

その他、自治体庁舎や集会施設、学校、大型店や企業ビルのエントランスホールなどを一時滞在施設として利用できるよう受け入れを要請している。

また、ＪＲ東日本では東京駅から３０キロ圏内２００駅のコンコースなどを解放予定で、ツイッターやフェイスブックなどで災害情報を提供するという。

だが、それでも強引に帰宅しようとする人たちは50パーセントを超すとみられる。その主な要因は家族との連絡途絶である。情報不足、連絡がつかない時の不安は時として異常行動に走らせる。それが「群衆雪崩」を引き起こし二次災害を発生させる大きな要因になるのである。

社内滞在制度や自治体の一時滞在施設の充実は、このような行動を少しでも減らす効果が期待できる。

木造密集地の耐震・不燃化が課題

地震によって受ける被害の程度は、地盤や家の構造、材質、施工精度などに左右される。一般的に、中高層以上のマンションやビルなどの場合はボウリング調査によりあらかじめ地盤の状況を調べて構造設計を行い、確認申請を行って行政やしかるべき機関の確認を受けた後に施工するシステムになっている。

一般木造住宅も1981年6月に施行された「新耐震基準」に沿って設計し確認申請を行った後に施工している。

建物そのものは震度6強に耐えられるレベルを目指している。だが、東日本大震災で大きな被害が発生した軟弱地盤地域の液状化や造成地の地すべりで明らかなように、埋立地や宅地造成地の盛土部分の宅地であっても、殆ど表面を固めただけの基礎工事で済ましているのが実態である。

したがって、万一にも首都直下地震が起こったら東日本大震災の数倍の被害が発生し壊滅的な打撃を受ける可能性がある。

このように新耐震基準以降に建築された一般木造住宅は基本的に震度6強に耐えられる強度を有している。

だが問題は地盤や建物の形・年数によって大きな差異が出る。

東日本大震災時に液状化で家が傾いたり地盤沈下により塀が倒れたりで大きな被害がでた千葉県浦安、船橋両市の沿岸部は大部分は埋め立て造成された軟弱地盤地域だった。

地盤に関しては地盤改良工事（例としてハイブリット工法など）によって地盤を固めることは可能だ。但し、数１０戸単位でないと大きな効果は期待できない。

そして、建物補強である。１９８１年以前に建てられた住宅、マンション、ビルは当然だが、それ以降の建物でも頻繁に起こる地震や湿気などの影響で劣化が進んでいる建物が多い。そのため、行政では補助事業として「耐震診断」を奨励している。

阪神淡路大震災の例を見るまでもなく木造住宅は勿論、ビルまでも倒壊しその結果随所で火災が発生し大火に至った経緯がある。首都直下地震の場合住宅全壊率が震度７でおよそ全棟の１６パーセント、１９８１年以前の建物では６５パーセントに及ぶ。

参考までに震度と揺れの関係（気象庁、その他の資料）を示す。

・震度６強の場合（首都圏）
・耐震性の低い木造建物を中心に倒壊するものがおよそ１６万棟
・大きな地割れが生じたり大規模な地滑り、山体の崩壊が発生することがある

・震度７の場合（首都圏）
・耐震性の低い木造建物を中心に倒壊するものがおよそ３９万棟
・耐震性のある木造建物で傾くことがある
・耐震性の低い鉄筋コンクリート造の建物では倒壊するものが多くなる

このように年数の古い建物ほど倒壊率が高まり、結果として失火率と死者数が多くなるという相関関係が明らかになっている。そこで耐震補強の重要性がクローズアップしているのである。倒壊建物が減れば火災件数も死者数も減るという図式になるからだ。

結果として、木造住宅等の倒壊建物をいかに減らすかが大きな課題になる。現状だと地震直後におよそ２０００か所で同時出火し、住民らが初期消火に努めても６００か所で延焼が起こると想定されている。延焼を食い止めることは最早不可能なのである。

不安がある方は「耐震診断」をお勧めしたい。

そして、次に課題になるのが不燃化促進だ。国土交通省は２０２０年東京オリンピックまでに木造密集地域の解消を目指しているが、全国で５７４５ヘクタール、（２０１２年３月時点）、東京都だけでおよそ１６８３ヘクタールに及ぶ。

これら密集地域の欠陥は全般的に道路が狭く、消火活動が困難な上に文字通り隣接間が１メートルにも満たない程の密集度で延焼を食い止める余地は殆どない、といった状況下にある。

その上、効果的な避難地が少なく遮断緑地も殆どないのが「命の不安」を呼ぶ大きな要因になっている。

このように、地震などで大規模火災が起きたり避難するのが難しかったりする「著しく危険な密集市街地」の解消が大きな課題なのだが、財政難や住民の高齢化といった事情で難航しているのが現状である。

このように、「延焼の危険性」や「避難の困難性」を併せ持つ危険地区は東京の１６８３ヘクタールを始め大阪２２４８ヘクタール、神奈川県９６０ヘクタール、京都３６２ヘクタールなど全国の都市に多く存在している。

不燃化、耐震化の進まない要因にはさらに所有者の資金不足や権利関係の複雑さ、中高層住宅や他地区への移転を嫌う高齢住民の存在などが災いして進捗を阻んでいるのが現状である。

国土交通省の目標である２０２０年までの「木造住宅密集地域の解消」は極めて困難な状況下にある。だが、阪神淡路大震災の例を見るまでもなく延焼防止のための遮断空間（江戸時代の火除地）の確保、不燃化、耐震化は近代都市東京の悲願でもある。

行政の努力と説得に期待したい。

老朽インフラのリニューアルを急げ

何度も述べるが、巨大といわれる南海トラフ地震と首都直下地震は３０年以内におよそ７０％の確率で発生する。

その両地震に襲われる可能性があるのが首都圏、とりわけ東京である。前者は震度5強、後者は震度6強～7という強い揺れになる。

一体どう備えればいいのかだが、東日本大震災や阪神淡路大震災の被災状況を思い起こせばわかるとおり、東京はさらに超過密かつ超高密の機能が集積し、近代技術の枠を尽くした盤石の造りになっていると思いがちだが、先にも述べたように「積み木くずし」のようにバタバタと崩れる「もろさ」を併せ持っている。

そのひとつがインフラストラクチャー（都市を支える基盤構造）である。主役は道路と鉄道だが、その他にも港湾や情報通信、空港や行政、消防、警察、病院施設などが含まれる。

そのどれもが無くなってもビジネスも生活も成り立たないものばかりである。とくに、鉄道と道路網はあらゆるビジネス、物流、観光、日常生活にとって欠くことのできない機能だし、大都市特有の高速道路の果たす役割も極めて大きい。

東京では、１９６４年の東京オリンピックを機に始まった道路の立体高架化は、延伸につぐ延伸で総延長は３０１キロ、このうち都心環状線などおよそ９０キロは築後４０年以上経過した。だが、忘れてならないのは首都高はコンクリートや鉄骨で造られた建造物であるという事実である。

中央高速道笹子トンネルの天井版崩落事故もそうだが、長年の重量物による振動や自然劣化によりいたるところが傷み、脆くなって強度が下がる、いわゆる「老化現象」が進んでおり、年数とともに補修が必要な損傷箇所が増加の一途にある。首都高は古くて危ない、巨大地震に耐えられない、といった専門家の意見も増し、撤去論まで語る防災・危険管理アドバイザーが出現するまでになっている。

つまり、「地下トンネル化」への一部移行や中央環状線、東京外郭環状道路の整備に伴って不要になる部分を撤去せよという意見である。

東京の中心日本橋を覆う都心環状線の美観上の問題も、東京オリンピックまでに解決せよ、という意見も日増しに強まっている。

このような指摘に対して、首都高速道路会社は２０１４年度から始める大改修計画を発表した。老朽化に対応するためで道路の土台や橋脚を取り替えるなどの抜本的な改修を行うものだが、２００９年時点で補修が必要な損傷はおよそ9万６０００カ所、仮に、３０１キロの首都高の至るところで倒壊、路面落下が起こったら、それだけで数百数千人の死者と多数の負傷者が出る恐れがあるからだ。

そして、忘れてならないのは危険物を積んだ貨物車が縦横に走りまわっているという事実である。例えば、不意の大地震で追突事故が発生した場合、ガソリンに引火し車が導火線になって次々と爆発炎上し、高速道路上の人たちは逃げ場を失い命を落とす危険性もある。都市とは、常にそのような危険と隣合わせにあることを理解し、神戸市や東北の各都市で起こった忌まわしい現実を思い起こしながら、地震の恐ろしさを改めて感じて欲しいと思う。

だが、問題はそれだけでない。東京都では、都内にある消防署や警察、災害拠点病院、公立小中学校などの耐震化は８３～９６％と比較的高い率になりつつあるが、一方のライフラインの要である水道管は４６パーセント、水門・排水機場６５パーセント、緊急輸送道路の橋は６６パーセントと立ち遅れが目立つ。

道路の老朽化対策を話し合う国交省の有識者部会は、地方自治体に橋やトンネルの５年ごとの定期点検を求め、老朽による危険度の判定を４段階で評価するよう義務付け、予算や技術的理由で修繕ができなければ通行止めや撤去を提言した。

すでに、築後５０年を経た橋の割合は２０１３年で１８パーセント、１０年後の２０２３年には４３パーセントになるなど、地震による崩落の危険性が一段と高まる見通しである。このことから有識者部会は「本格的なメンテナンスに舵を切らなければ致命的な事態を招く」と強い警告を発した。

これは、首都高速道路のみならず鉄道、橋全般にいえることである。

この現象は、東京だけではなく大都市共通の課題で共に巨大地震と津波から人命を守る防災力の強化が急がれる。

避難拠点の整備が課題だ

避難場所不足は多くの自治体共通の課題だ。首都直下地震では耐震不足のビル、マンションそして木造住宅の倒壊、それに伴う火災の発生で避難する場所が人命を左右することになる。逃げ場所を誤ると火災旋風に巻き込まれて命を失う危険性が高まるからだ。

一方、南海トラフ地震はマグニチュード９という巨大地震だが、それよりも恐ろしいのは東日本大震災を遥かに凌ぐ巨大津波の襲来である。１０〜３０メートルという想像を絶する津波の猛威に耐え得る避難場所が地方小都市の街なかには殆ど存在しないからだ。

しかも、地震発生後わずか３〜１０分前後で津波が到達するという地域も少なくない。和歌山県串本町は４分後、駿河湾沿岸の静岡市清水区、焼津市などもその範疇に入る。

とくに、最大の津波高を想定された高知県土佐清水市、黒潮町に次ぐ最大３１メートルという巨大津波の襲来を宣告された静岡県の観光都市下田市では、これまで住民の避難先として指定した１４カ所の避難ビルの大半が水没してしまうという結果になったのだ。

すでに、沿岸住民が避難訓練を実施、指定避難ビルや高台への津波対策を進めていたのだが、結果として街なかの避難場所が無くなってしまったのである。

南海トラフの特徴は、東日本大震災と違って津波到達時間が早くしかも津波が巨大である、という点にある。高齢者が多いのは各都市共通だが、下田市は風光明媚な温泉観光地であるが故に観光客が多いという特性がある。

考えられるのは、津波を超える避難タワーを随所に建設するか、可能なところから高台移転を進めるか、多人数が数日間生活可能な強大な防災シェルターを設置するかのいずれかに絞られる。

おそらく、南海トラフ地震で震度７と想定された静岡、愛知、高知、島しょなど１０県１５１市町村共通の悩みで、巨大津波からいかに人命を守り街を守るかに腐心している。

そして、これほどの巨大な津波はいかなる防波堤や防潮堤でも食い止めることはできないということであさらに、健常者は勿論だがとくに高齢者や要介護者等の避難対策をどうするのかという問題が横たわっている。

この点は東京、神奈川、千葉を中心とする首都圏も同様である。南海トラフ地震では５強、津波高は３〜１０メートル（館山市、新島村は３１メートル）で人口と多機能が集積するエリア特有の被害は発生するものの、関東以西の太平洋沿岸各都市に比べればまだ被害の程度は少ないと見られる。首都圏はむしろ直下地震による被災、とりわけ建物倒壊、構築物崩落、そして、最大の災害と思われる４１万棟もの大火災による犠牲者、負傷者の発生である。加えて、インフラ、ライフラインの寸断による大混乱発生の予感だ。

中でも、想定される最も厄介な防災対策は大火災である。地震による住宅倒壊と共に初期消火が功を奏したとしても少なくとも６００か所から火の手が上がり、手の施しようもなく延焼し環７〜環８沿線一帯が幾重ものの火の竜巻となって天を焦がす。

その中を逃げ惑う多くの人々を想像してみてほしい。そして、逃避先が一人一人の運命を左右することになる。

命を守る避難先を選定する時間的余裕はないと思われるが、少なくとも行政の指定した避難施設をめざすことが第一義になる。但し、火災による放射熱が命を奪う最大の要因になるので注意しなければならない。

津波の場合は当然ながら津波の届かない場所にとにかく急いで逃げることだが、直下地震の場合はすでに倒壊、落下、破損した構築物がメチャメチャに散乱した中での逃避になる。運悪く倒壊建物の下敷きになった人を救出している時間的余裕はないと考えなければならないのだ。

火に囲まれて命を落とすケースが多いからだが、いかなる地震であっても一瞬の判断が命運を分けることに変わりはない。東京で一番安全な場所は皇居といわれるように、狭い公園や木造密集地域近くの建物内では放射熱のみならず猛烈な煙にまかれる危険がある。

したがって、行政はこのような観点を念頭に火災時における安全な避難場所と、焼け出されるであろう多くの人たちを収容する避難施設を拡充し、人命第一の防災、減災対策を確立して欲しいと思う。

耐震補強で建物崩壊を減らす

東京都は3階建て以上のマンション13万棟余りのうち1981年以前に建てられた2万5000棟について、耐震診断を受けたのは分譲で17・1パーセント、賃貸6・8パーセント、うち改修済は分譲5・9パーセント賃貸3・4パーセントに留まっていると発表した。

耐震化が進まない理由の大半は「費用がない」である。その他にもオフィスビル、スーパーや工場などを加えると非耐震建物はゆうに5万棟は下らない。仮にそのうちの10パーセントが倒壊したとしても5000棟が地震後に無残な姿をさらし、道路や鉄道路線などを塞ぎ長期間交通障害を引き起こす要因になる。

一方、木造住宅も耐震補強は遅々として進んでいない。その結果震度6強で16万棟、震度7ではおよそ39万棟が全壊すると文科省の研究チームが発表した。

この数字は首都直下地震をベースに想定したものだが、南海トラフにあてはめるといったいどれほどの住宅が倒壊し、どれほどの火災が発生するのか想像もつかない。

南海トラフは津波被害が中心の対策にシフトしているため、建物崩壊や被害想定は明確になっていないが、いずれにしても、中部、近畿、四国、九州の太平洋沿岸都市はほぼ壊滅的打撃を被ることは避けられないだろう。

以下、参考までに気象庁震度１０階級別被災の内容を示す（震度０～４は省略）。

	人間	屋内の状況	屋外の状況	木造建物	コンクリート	ライフライン
５弱	多くの人が身の安全を図ろうとする。 一部の人は行動に支障を感じる。	棚にある食器類、書棚の本が落ちることがある。 また、家具が移動することもある。	電柱が揺れるのがわかる。 補強されていないブロック塀が倒れることがある。	耐震性の低い住宅では壁や柱が破損することがある。	耐震性の低い建物は壁などに亀裂が入ることがある。	安全装置が作動し、ガスが遮断される家庭がある。 水道管に被害が発生することがある。
５強	非常な恐怖を感じ、多くの人が行動に支障がでる。	棚にある食器、書棚の本の多くが落ちる。 テレビが倒れたり、重い家具が倒れることがある。	普通のブロック塀の多くが倒れる。 据え付けの悪い自動販売機、墓石などが倒れる。	耐震性の低い住宅では、壁や柱が破損したり傾くものがある。	耐震性の低い建物では、壁、梁、柱に大きな亀裂が生じるものがある。	ガス、水道管に被害が発生することがある。 一部の地域で供給停止がある。
６弱	立っていることが困難になる。	固定しない重い家具が移動や転倒する。 開かなくなるドアが多くなる。	多くの建物でタイルや窓ガラスが破損、落下する。	耐震性の低い住宅では倒壊するものがある。　壁や柱に破損が生じる。	耐震性の低い建物では壁や柱が破損するものがある。 柱などに大きな亀裂が生じる。	ガス、水道管に被害が発生する。 水道停止、停電が起こることがある。

６強	７
立っていることができず、はわないと動けない。	自分の意思で行動できなくなる。
重い家具のほとんどが移動、転倒する。 戸が外れて飛ぶことがある。	ほとんどの家具が移動、転倒する。
多くの建物でタイルや窓ガラスが破損、落下する。 ブロック塀は倒れる。	ほとんどの建物のタイル、窓ガラスが破損、落下する。
耐震性の低い住宅は倒壊するものが多くなる。	耐震性の高い住宅でも傾いたり破損するものがある。
耐震性の低い建物では倒壊するものがある。 耐震性のある建物でも破損が増える。	耐震性の高い建物でも傾いたり大きく破損するものがある。
ガス管、水道、排水施設に被害が発生する。 供給停止が増える。	広い地域でライフラインの供給がストップする。

予測では南海トラフ地震は首都圏の５強を除き６強と７、首都直下地震では東京を中心に６強と７である。右表のとおり耐震性の低い住宅やビル、工場などがいかに危険な状況になり被災を大きくするものであるかがおわかり頂けると思う。ここでいう倒壊は多くの命を奪うだけでなく、二次、三次被害を生む大きな要因にもなる。

行政指示に従い「耐震診断」を受け万難を排して耐震補強に踏み切られることをお勧めする。そして、木造住宅密集地域は不燃化を促進し、合わせて住環境整備や万一の際の安全な避難所を併設する減災対策が重要になる。それが命を守る最大の防御策だからである。

では、そもそも「耐震」とは何なのかだ。１９８１年６月以降に施工され震度６強に耐えられる程度を目指した「新耐震基準」に沿って建てられた住宅や中高層、超高層ビルやマンションで、地震の揺れに抵抗できる構造を有するものを「耐震建物」と称している。

世界有数の地震国であるがための対策なのだが、１９８１年以前の旧耐震基準に基づいて建設された建物はとくに耐震補強が必要になっている。

近年では、さらに耐震性能を高めるための技術として住宅の場合では「倒れない」から「揺れない」家づくりに移りつつある。そのシステムは地震を感知すると建物が基礎から離れて宙に浮く、いわゆる「断震工法」とか、基礎の上を建物が横すべりして地震を吸収する「減震工法」などだが、まだ高値で一般化にはしばらく時間がかかりそうだ。

また、中高層、超高層ビルやマンションではすでに耐震（構造体そのものの強さで地震の揺れに耐える）工法から、建物の壁や柱に油圧式ダンパーを装着し地震の揺れを吸収する「制震工法」、基礎と建物の間に免震装置を入れ地震の揺れを伝えない「免震工法」などが一般化している。

最近では、東京駅舎改修の際にもこの免震工法が採用されたように、地震対策は駅ビルのように大勢の人が集まるところは勿論のこと、旧耐震ビルやマンション、高速道路の高架橋、橋などのインフラ補強にもあらゆる最近技術を応用した減災工事が急がれる。

「東日本大震災で大丈夫だったから耐震性は結構あると思うよ」という楽観論を吐く人たちがいるが油断大敵、倒壊し多くの犠牲者を出してからでは遅いのである。道のりは遠いが地道な努力を積み上げていくことが重要なのである。

軟弱地盤を襲う液状化対策

１９９５年の阪神淡路大震災以来「液状化現象」は広く知られるようになった。そして、東日本大震災では関東と東北地方の１都１２県１８９市区町村の９６７８地点で液状化が発生し大きな被害をもたらした。

液状化とは、地下水位が高くゆるい砂質上の地盤や粘性の弱いシルト、またゆるく堆積した砂礫地盤のエリアなどで起こるもので、埋立地、昔の川筋、過去に何度も氾濫したことのある大河川の沿岸、盛り土した造成地などで起きやすいとされる。

とくに、関東で液状化が多発したのはもともと軟弱地盤が多く、東京湾沿いに埋立地が広がっているためとされるが、中でもとくに被害が大きかったのは千葉県浦安市を中心とする４２平方キロだ。それ以前は関東でも屈指の成長エリアとして名を馳せていたが震災後は、地価も下がるなどの打撃を受けている。

液状化による最大の被害は建物の傾きや倒壊である。液状化した地盤は建物を支える力を失いその重さに耐えきれずに傾く。

また、至るところで地盤沈下や電柱や塀の倒壊とライフラインを破壊した。マンホールは地上に浮き上がり地下では下水道管などに大きな損傷をもたらし、長期間にわたり都市活動や市民生活をマヒさせた。

浦安市内では近くの東京ディズニーランド、ディズニーシーも長期間休業に追い込まれたが、僅か1分足らずの地震動でこれ程の地盤変化と破壊をもたらす地震の恐ろしさを改めて思い知らされた感がある。

いま、「液状化のイメージを拭いたい」と住民たちは願っているが、地盤改良工事は各戸の負担が大きく合意形成は難航していると聞く。

一方、東日本大震災を受けて都が見直した予測図によると、２０２０年東京オリンピックの選手村ほか7会場の立地が「液状化の可能性が高い地域」に該当するという。新設する全施設で地質調査を行い必要な杭打ち工事をして対応するので問題ないというが果してどうだろうか。首都直下や南海トラフを震源域とする地震エネルギー量は東日本大震災の１０～３０倍になると予測されているからだ。

東日本大震災では無傷だった関東以西の各都市も含め、日本の人口の３０パーセントが軟弱地盤の上に住んでいるといわれる。したがって、両巨大地震では首都圏は勿論、大阪、名古屋圏でも甚大な被害が生じる可能性があると独立行政法人防災科学研究所が発表している。

しかし、南海トラフ地震では大津波襲来問題にシフトし液状化は殆ど無視されたかたちになっているが、津波の及ばないエリアにも多くの軟弱地盤エリアが存在する。

例えば、東京都のこれまでの被害想定では２３区全域で８・１平方キロ、多摩地区でおよそ1平方キロが液状化の危険があるとされていたのだが、東日本大震災の被害状況から「液状化予測図」を再検討し、東京２３区内では全域の１０パーセントに相当する６８平方キロを「液状化の可能性が高い地域」に区分し直した。

液状化での代表的な被害は、建物の傾きや倒壊、地盤の沈下や埋設物の隆起により歩行や車の通行が困難になること、ライフラインの損傷、塀などの構築物も倒れたり傾いたりする。

さらに、南海トラフや首都直下巨大地震では東京湾岸、伊勢湾、大阪湾岸の埋め立て地に立地する数千の石油コンビナートや天然ガス備蓄基地、２０基を超える火力発電所の被災である。

石油コンビナートや天然ガス基地は液状化や津波によって倒壊し、流出した可燃ガレキと混じり合って炎上し、湾内を火の海にする可能性がある。

東日本大震災でも3日間燃え続けたように、少なくとも3つの湾はその危険性が高い。そして、その炎がまた陸上の施設などに燃え移るという地獄絵そのもののような光景が現実になるかも知れない。

おそらく東日本大震災の数十倍の規模で海上が燃え、船舶の航行は無論のこと港湾も破壊されて長期間使用不能になることも覚悟しなければならない。

このように、湾岸エリアの多くは埋立造成地ならではの宿命を背負っている。

産官民一体で防災体制を構築せよ

「正確な地震予知は無理なのか」と地震学の権威がいうように我が国の確率的地震予知は外れに外れてきたという。北海道西南沖も阪神淡路大震災も東日本大震災も何ひとつ正確に予知できないまま、突然巨大地震が街や人々を襲い多くの尊い命を奪った。

いたずらに国民に危機感を煽るのは慎むべきだが、何の避難も心の準備もないままにある日突然巨大地震や大津波に襲われ命を落とす、愛する家族を失う。街も家屋も職場もすべて失い茫然自失に貶める憎き地震、津波だが、そこから離れることのできない運命をわれわれ日本国民は背負っている。

耐震技術の進歩と防波堤、防潮堤が唯一身を守ってくれると信じつつも、これまでの「敗北の歴史」を振り返れば誰もが不安に包まれる。

国は、国土強靭化の旗頭として防波堤と避難タワー、避難路の整備をあげるが、ハード整備だけで命を守れないのは東日本大震災で明らかだ。

「千年に一度」の最大級の地震といわれる南海トラフの推計値は衝撃的な数字で、国家の存亡にかかわる震災になる可能性が大なのである。にもかかわらず、減災への取組みは緩慢で国民の側にも危機意識、防災意識が希薄である。

「震災は忘れた頃にやってくる」・・阪神淡路大震災や東日本大震災もそのたとえに当てはまる。

一方、海岸沿いに生産拠点を持つ製造業界では対策の強化に向けた動きが始まった。東海や近畿地域の沿岸部には自動車や電子・電機関連事業の工場や物流拠点が集中しており、南海トラフ地震と津波で深刻な被害が予想されることから、建物の耐震化など防災対策に全力を挙げる企業が増えている。

だが、問題は巨大津波だ。沿岸の低海抜エリアでは最低でも１０メートル超の津波にさらされるのである。建物破壊は無論だが機械類も一旦海水に浸かると使用不能になるものが多い。

すでに、軽自動車のトップメーカー・スズキは浜松市北区の高台に２７万平方メートルの土地を取得し、本社の主要部門を２０１７年までに移転するという。

中部電力は、災害時にも重要な役割を果たす火力発電所敷地の液状化対策として、地盤強化工事を行うと共に、浜岡原子力発電所に押し寄せる津波を早期に発見するためのレーダーを設置し、２４時間体制で沖合２０キロまでの海表面の流速変化の観測を始めた。一方、予想される津波高に対応する２２メートルの防潮壁の工事も完成させている。

しかし、地震と津波の強大なエネルギーを侮ってはいけない。震度６強～７という巨大地震で相当程度破壊されたところに押し寄せるのが津波だからだ。万々が一浜岡原発で福島第一原発のような事故が起こったら１５キロ圏内を走る東名高速や新幹線の運行にも支障来すのは必至である。

「人智を尽くしてもなお巨大な自然エネルギーには抗しきれない」、これが東日本大震災で得た最大の教訓といっていいだろう。巨大地震と津波には国家全体で立ち向かうしかないのである。

いま、われわれが問われているのはまさに危機を乗り越える国家国民の知恵と行動である。国は大規模地震対策特別措置法を１９７８年に施行し、地震予知のための特別な監視体制や予知を前提とした避難体制を整備した、としているが果たして阪神淡路や東日本大震災で効果があったのかどうか再検証する必要がある。

南海トラフにおける３２万人という想定死者数が１０万人に減らせるか、それとも１００万人に増えるかは一に産官民によるハード、ソフト一体型の効果的な防災、減災対策にかかっている。

国の中央防災会議における防災、とくに津波対策の見直しポイントは

・甚大な被害をもたらす最大級の津波は「避難」（急いで逃げること）によって人命を守ることを優先する

・頻度の高い津波は防波堤などを整備し人命と財産を守る

という２段階対策だが、ハード中心から「逃げる」というソフト中心にシフトしたのは初めてである。

第6章

「自助・共助」で大震災に備える

「自助型」震災対策のすすめ

巨大地震は突然やってくる。そのための個々人の自発的な備えや行動が自身や家族の命を守り、災害時を生き延びるカギになることを過去の大災害から学んだ。

阪神淡路大震災では多くの木造家屋が倒壊し、早朝ということもあって圧死者、負傷者が多数にのぼった。一方、運よく助かった人たちの中にも着の身着のままで大火の中を逃げ惑い、中には散乱したガレキや火炎に囲まれ逃げ場を失い命を落とした人もいる。

さらに、東日本大震災では地震による建物倒壊は少なかったものの、その後に襲来した巨大津波に呑み込まれ命を失った人が犠牲者全体の９０パーセントを占めた。だが、大多数の人たちは地震の後にあのような巨大津波が襲ってくるなど想像すらできなかったに違いない。一方では、防潮堤の存在が人々に安心感を与えていたのかも知れない、という思いもある。

このように、巨大災害では常に何が起こるかわからない恐ろしさがつきまとう。つまり、想定外の事態に対する「備え」をどう認識して実行するかがカギになるといってもいいのである。

季節、時間、居場所などによって条件は異なるが、ここでは基本的な「自助」について述べてみたい

「自助」とは読んで字の如く「自分の命は自分で守る」ことである。隣近所や地域の人たちが協力しあって助けあう自主的な防災活動を「共助」、市町村や公的機関が行う避難や救援活動を「公助」と呼んでいるが、大規模震災では「公助」に限界が生じるため命を守る活動の中心になるのが「自助・共助」である。

まず、「自助」のポイントになるのが安全な避難場所と避難ルートの確認である。とくに、南海トラフのように巨大津波の発生が想定される場合は、１分１秒の迷いが命取りになるので直ちに避難できるように普

段から「逃げる」場所と「ルート」をしっかりシミュレーションしておくことが大切になる。

非情だが、家族を助ける時間すらない場合があることを肝に銘じ、とにかく「逃げる」ことに専心しなければならない、それが東日本大震災の教えである。

それこそが太平洋沿岸地域に居住する多くの人たちの宿命なのだ。そのためには前もって①現在地の標高（海抜何メートルの地に居住しているか）、②最短の安全な避難場所、③徒歩による最短の避難ルートと避難に要する時間（車は極力使わない）、④貴重品など最小限の持ち出し品、などを確認しいざという時に瞬時に対応できる体制を整えておくことが肝要である。

一方、首都直下地震のようにおよそ61万棟の倒壊、そのうち41万棟が火災で焼けるといった大火型の場合は、風向きや広幅員道路、広場、公園、学校などの避難先や避難ルートを決めておく必要がある。

その理由は、風下に逃げてはならないこと、建物や高架道その他の倒壊破損によって交通インフラが使用不能になり消火活動が期待できないこと、失火数が首都圏全域で600に及び延焼拡大によって安全確実な避難先が限定されること、などがあるからである。

安全と思って避難した公園や施設が火の海に囲まれ、放射熱で多くの人々が死亡するという関東大震災の例もあるからだが、100パーセント安全な避難先が限られるだけに事前に周到な調査と諸々の準備を万端整えておくことが重要になる。

とくに、避難場所は①一時避難場所として近くの小公園などのオープンスペース、②広域避難場所としては学校や、一定の広さを有するオープンスペース、③福祉避難所として高齢者、障害者、要介護者のための老人福祉センターなどの他、食料の提供が可能な学校の体育館などを使った仮宿泊施設などが想定される。

だが、罹災者が殺到することが予想されるところから、内閣府有識者検討会の最終報告では避難者対応について各自治体に次のような要請を行っている。
・避難者に優先順位をつけ、高齢者ら災害弱者を確実に受け入れるようにする。
・一般住民には行政(いわゆる公助)に頼らず「自助・共助」での対応をお願いする。
・各家庭に水や食料など1週間分の備蓄を要請する。

これまでの各家庭の備蓄の目安とされた3日分を1週間に改めた背景には、想像を絶する大災害になる可能性が高いと判断したからである。

だが、身体不自由な一人住まいの高齢者や要介護者を、誰がどこにどのように運ぶのか、多くの負傷者、重症者をどの病院に誰が運ぶのか、救急活動が期待できず不安は募る。

さらに、余震が続く中、行き場を失った住民たちが二次被害に巻き込まれる危険性がないか、といった課題が山積しており市町村の担当者も戸惑いを隠せずにいるのが現状である。

南海トラフ巨大地震、津波による避難者は950万人、首都直下地震でも720万人という数字をみれば各自治体がいかなる策を練っても物理的に対応不能になるのであろうことは想像がつく。

そこで浮上したのが「共助」という発想だ。「自助と共助」の組合せによって最悪の状況を乗り切ろうということだが、余程の組織体制と訓練なしには機能しないというのが一般的な見方である。

共助型防災組織の強化を急げ

正直のところ巨大地震が身近なところで起こらない限り本当の恐怖感も命を守り抜くことの大変さも実感できない。

だが「備え」もないままに巨大地震に襲われたら一体どうなってしまうかだ。多くの命が奪われ幸せだった家族も一瞬にして離散し、生死もわからずに津波に押し流されたガレキの中を探し求めてさ迷い歩く、あの阪神淡路や東日本大震災で釘づけになったテレビ画面のあの光景が再び起こるかも知れないのである。

しかし、最近の調査によれば首都圏、とりわけ東京在住の多くの人たちは遠い過去の出来事のように記憶が薄れかけているという。

そして、「自助・共助」という言葉の意味すら知らない人が大半を占める。だが、「共助」の要となる「自主防災組織」について総務省消防庁は、全国平均の組織率はほぼ８０パーセントである旨の発表を行った。

誰が、いつどのような型で調査を行ったかは明らかにされていないが、組織率１００パーセントとされた東京練馬区の住民の多くは「自主防災組織なんて聞いたこともない」と答えている。

この自主防災組織とは、主に町内会や自治体単位で結成される住民の任意団体だが、災害に備えて防災訓練や物資の備蓄、啓発活動などを行う極めて有意義な「共助団体」なのだが、単なる親睦組織であってはならないし形式的な体制であっても存立意味は薄れる。

このような団体は全国に１５万３６００あると公表されたが、組織率の計算方式に問題があるのだ。例えば、マンションをカバーする組織がひとつあればそのマンションの組織率は１００パーセントになり、活動実績や活動に参加する世帯の数は無関係といったように、参加する人たちはごく一部の人に限られている。

つまり、「防災意識の低い住民」が圧倒的に多いのだ。国や自治体のねらいは発生が懸念される南海トラフや首都直下地震で想定される膨大な被害に対し、行政対応の困難性から自主防災組織、つまり「命を守る善意の助け合い組織」に大きな期待をかけている。

ならば、国や各自治体はもっと真剣にＰＲと指導を行い実効性のある防災・減災組織のの立ち上げを助成すべきである。

自主防災組織の役割は大旨次のとおりである。

・平常時―災害に備える以下の活動

① 防災知識の普及・啓発

防災講習会や訓練を通じて正しい防災知識を住民に伝える

② 地域内の安全点検

地域内の危険個所や問題点を洗い出し改善する

③ 防災訓練

いざというときのために地域一丸となって訓練する。

・出火防止や初期消火訓練などの活動を行う。

① 避難誘導

住民を指定された安全な場所に誘導する。

② 救出・救助

負傷者などを救出した応急手当、救護所や病院に運ぶ。

③ 情報の収集・伝達

市区町村と連絡を取り合い情報を住民に伝達する。

④ 避難所の運営

避難所で食糧、物資の配布、情報伝達などをする。

以上だが、このような共助組織は大都市よりも地縁関係の強い地方に偏る傾向がある。確かに、手助けを必要とする人は東京を始め人口集中地区に圧倒的に多いのだが、無関心層が多いのもまた大都市住民である。電気も使えない、情報も何もない中でこのような救助や支援がなかったらいったいどうなってしまうかだ。そのような非常時こそ不安な状況に置かれている人の立場に立ち、助け合う温かい心構えが必要なのである。これが「共助」の基本精神である。

このような地域ぐるみの協力体制、あるいは「向こう三軒両隣」レベルで助け合う必要性を痛感する。

家庭内備蓄と防災の徹底

国の中央防災会議は、南海トラフ巨大地震に関する最終報告で避難所に入る避難者に優先順位をつける「トリアージ」（高齢者や身体不自由な人から優先して収容する）手法を打ち出した。

その背景には、かつてない規模の超広域災害に対応するため、従来の避難所運営では対応不能という結論に至ったためといわれる。したがって、被害の少ない住民には家にとどまる「在宅避難」を求め避難所不足を軽減しようというのだ。

東日本大震災で最大４７万人だった避難者は、南海トラフ地震発生当日で７００万人、１週間後には９５０万人という膨大な人数に膨らむと予測されている。

内閣府の担当者は、東日本大震災の時も収容しきれない避難者が大勢いて混乱が起きたが、南海トラフでも首都直下地震でも大混乱は必至、「従来の発想では手に負えない」と語る。

おそらく収容者は全体の１０パーセント以下、残りの９０パーセントは何らかの方法で自力避難しなければならなくなる。東日本大震災でもそうであったように3月の寒い季節にもかかわらず、車の中や焚き火で暖をとりながら当座を凌いだのと同様である。

場合によっては、被害の少なかった近隣自治体に移動して助けてもらうようになるのかも知れないが、何はともあれ「自助・共助」で生き延びる工夫をしなければならなくなるのは必至である。

そこで当面必要になるのが国が求める1週間分の家庭備蓄である。

・水・食料等の備蓄例（1人1週間分）

備蓄品	数量・その他
飲料水	21リットル（一日当り3リットル）
野菜ジュース	200ミリリットル7本
おかゆの缶詰	7缶
アルファー米	7食分
ビスケット類	保存缶入り3缶（またはパン類の缶詰）
肉や魚、大豆の缶詰	適宜
野菜の缶詰	2（またはレトルト品）

・その他の備蓄品例（1週間分）

カセットコンロ、コンロ用ボンベー4本
簡易トイレ、または簡易トイレ処理セット適宜
緊急ミニトイレ（男女兼用）適宜

ゴミ袋（大小）トイレット（ティッシュ）ペーパー適宜
携帯ラジオ、懐中電灯（以上の乾電池適宜）
携帯電話、充電器（または手回し充電器）
小型消火器、石油（冬期暖房用）適宜

以上である。その他ドアが開かなくなった時のための金具など、必要と思われるものは極力備蓄品に加えておくのがのぞましい。

一方、家庭内防災についてだが家の中には危険なものが沢山あって、巨大地震の揺れに耐え切れずに家具類が倒れ圧死するケースが多い。

まず、命を守るための注意点を例示する。

・地震前（木造住宅）

①　木造一軒家では2階に寝る。（1階は崩壊圧死の危険性が高い。）
②　重い家具は1階へ移す。
③　重い家具を固定する。
④　家の中に家具のない安全なスペースを確保する。
⑤　出入口や通路には物を置かない。
⑥　寝室や子供、高齢者、障害者のいる部屋には倒れそうな家具を置かない。

・揺れ始めたとき

①　頭を守る。

②　机の下などに身を隠す。
③　家具など倒れやすいものから離れる。
④　慌てて火を消そうとしない。（台所は危険なものが多い、都市ガスの場合は殆ど自動で消える）
⑤　急いで外に飛び出さない。（落下物がある）
但し、古い木造住宅の場合は倒壊のおそれがあるので揺れが大きいと感じたら直ちに屋外へ逃げること。

・**出火に対する対応**

①　まず住宅用火災警報器（義務付け）の設置と小型消火器を用意する。
②　初期消火を試みる（一応１１９番通報をする）消火不能と判断したらぬらしたタオルやハンカチで口と鼻を押さえ低い姿勢で逃げる。
（中高層マンションの場合は木造住宅に準ずる）

帰宅困難者対策の強化

東日本大震災では交通インフラが全面ストップし、およそ５１５万人の帰宅困難者が発生、大混乱に陥った経験から内閣府と東京都でつくる「帰宅困難者対策協議会」は南海トラフや首都直下巨大地震を想定した帰宅困難者対策の指針をまとめた。

時間帯にもよるが、万一東日本大震災同様に昼間に大地震が起こったと仮定した場合、その影響圏は関東から九州までの太平洋岸全域に及び膨大な帰宅困難者を発生させる。首都直下地震に限れば東京、神奈川、埼玉、千葉などでその数最大で９８０万人、とくに通勤人口が集中する東京千代田区、中央区、港区、新宿区だけでもおよそ１６０～２００万人に達しこれら帰宅困難者の安全確保が大きな課題になっている。

協議会では、このほかにも買物客、観光客、中でも東京オリンピック関連で年々増える外国人対策も含め、一時滞在施設の充実に頭を痛めている。

第４章でも述べたが、南海トラフもさることながら首都直下では震度が６強～７という最強の地震になることが想定されることから、交通インフラの回復には相当の時間を要すると思われること、都心、副都心周辺部の木造住宅密集地の大火災、無数の非耐震ビルや、マンションの倒壊類焼が予想されることから、徒歩帰宅による二次被害の危険性を踏まえ首都圏の全企業に対し従業員を震災発生から「３日間は帰宅させず社内に留める」よう求めた。

指針では、都、自治体のほか経団連、不動産協会、各種業界団体が合意、企業に対し自社の従業員向けに３日分の飲料水、食料、毛布などの備蓄を要請した。

さらに、社員以外の帰宅困難者の受け入れも想定し社員用とは別に１０パーセント余分に用意することも要請した。自治体が用意する一時滞在施設は、市区町村庁舎や集会場、学校のほか大型店や大型ビルのエントランスホールなども指定される。

受け入れに応じた企業は目安（３・３平方メートルに２人）の３日分の食料や飲料水を常備することになっている。だが現実には半数以上のビルオーナーが「受け入れる余裕なし」と回答するなど、一時滞在先問題は困難を極めている。

とくに、最大の問題はトイレだ。上、下水道が破断し水が流せない場合も想定されるからだが、多くの企業はそれ以上に避難者が押し寄せ、オフィス空間にまで入り込まれて収拾がつかなくなるのを恐れているようだ。

一方、東日本大震災当日駅舎から帰宅困難者を閉め出し大きな批判を受けたＪＲ東日本は、「震災時には受け入れる」と方針転換を表明、都心３０キロ圏内の約２００駅で計６万人分の滞在場所を確保し食料や簡易トイレの備蓄を済ませている。

東京メトロは早期の運転再開で帰宅困難者を援護したいとの意向だが、震度6強～7という巨大地震では想定外のことが起こる可能性がある。仮に、津波が地下鉄内に流れ込む、トンネルの一部が崩壊するといった大災害が発生した場合、路線によっては長期運休になる可能性が大いにある。

したがって、ここでも「自助、共助」のコラボが重要になる。少なくとも3日間は社内に留まるとしてもそれ以後は一斉に我が家をめざす帰宅困難者になる。

つまり、「共助」から「自助」に切り替わるのである。東日本大震災では途中でダウンした人も少なくなかった。これは「自助」の備えがなかったためと考えていいだろう。

そこで、通勤先にストックしておくと便利なものを参考までに例示する。

①　スニーカー　・長時間歩行に適するもの。
②　情報機器　・手回し発電式ラジオ・携帯充電器。
③　懐中電灯　・携帯充電型、及び乾電池。
④　地図　・会社から自宅までのルート。
⑤　補助食品　・カロリーメイト・ビスケット・乾パンなど。
⑥　水　・５００ミリリットル２本。（要交換）
⑦　救急医療セット　・市販のもの。

⑧　携帯型簡易トイレ　・ウェットティッシュ。
⑨　雨具・防寒具　・傘・フード付ビニールカッパ、他。
⑩　ティッシュ等　・生理用品・ゴミ袋・歯ブラシ・カイロ・マスク。
⑪　その他　・軍手、下着、ヘルメット、防災頭巾、アルミ
　ブランケットなど必要と思われるもの。

以上の備品をリックサックなどにつめ、いつでも持ち出せるようにしておく。これは自宅においても同様である。

また、家族間の連絡方法、離ればなれになった時の落ち合い場所、緊急時の避難場所などについても綿密に確認しておくことが必要である。

「天災は忘れた頃にやってくる」に対する備えを忘れないことが自身や大切な家族の命を守る基本であることを肝に銘じて万全の備えをして欲しいと思う。

巨大地震から身を守る備え

思わぬ時に思わぬ場所で巨大地震に遭遇したらどうするか。冷静に対応するのは難しいがその一瞬の判断が生死を分けることになるかも知れないのだ。

東日本大震災では多くの人がこれまでに経験したことのない大地震に驚きおののき、「津波」という思いにまで至らず逃げ遅れて命を失った人が大勢いた。その教訓に倣えば、太平洋沿岸低海抜地域に居住する皆さんは、津波警報や防潮堤のあるなしに関わらず、１分１秒を競って避難施設や高台に逃げる。そういう俊

敏な判断と行動が命を守る唯一の方法になる。

したがって、以下に気象庁が発表する「緊急地震速報」や「津波注意報・警報」を受け、外出先での場面に応じた対応策を述べる。

・路上の場合

①　繁華街ではガラスや看板などの落下物に注意する。手荷物やカバンなどで頭を守る。

②　住宅街ではブロック塀や電柱、屋根瓦、自動販売機などの倒壊や落下に気をつける。

③　橋の上では落下のおそれがあるので直ちに離れる。

・電車やバスの中では

①　電車の場合は震度５以上で緊急停止装置が作動し急停車する。したがって、普段から「つり革や手すり」にしっかりつかまる習慣をつけておく。

②　網棚からの落下物に注意する。

③　勝手に車外に飛び出さない。

・エレベーター中では

①　揺れを感知すると自動的に最寄りの階に停止する、その階で降りる。

②　自動で停止しない場合はすべての階のボタンを押し、停止した階で降りる。

③　万一閉じ込められた場合は非常ボタンやインターホンで連絡をとる。

・車の運転中は

①　異常を感じたらハザードランプをつけゆっくり減速し道路左側に停止してエンジン切り、周囲の状況を確かめる。

②　車外に飛び出さずカーラジオで情報を収集する。
③　車を離れる時は貴重品を持ちキーをつけたままロックせずに降りる。

・デパート、スーパーでは

①　商品の落下やショーケースの転倒、ガラスの破片に気をつける。なるべく柱や壁際に身を寄せ頭を守る。
②　慌てて出口に殺到しない。パニック状態になり危険なので店側の指示に従う。

・劇場、ホールでは

①　天井の落下などに備えて座席の間にうずくまる。
②　頭上に大きな照明などがある場合にはその場から移動する。
③　係員の指示に従って冷静に行動する。

・海岸、河川では

①　海水浴や釣りなどで海岸沿いにいる時は直ちに高台に向かって避難する。小さな揺れでも大きな津波が襲うことがある。
②　津波は河川を遡るので河川からも直ちに離れる。

・がけ地付近では

①　山間部やがけ地で地震に遭遇した場合は落石や土砂崩れに注意する。
②　土石流やがけ崩れにも十分注意する。
③　このような現象は住宅団地の造成地でも起こる可能性があるので盛土宅地については普段から気をつける。

・船の中では

①　観光船などは津波に巻き込まれる危険性がある。船員の指示に従って行動する。

②　小型船は直ちに着岸避難か沖合避難かを船長が決定するのでそれに従う。

・その他

①　小さな地震でも大きな津波が発生する場合があることを忘れず常に避難できる準備を怠らないこと。

②　津波の襲来が発令されたら「遠いところ」よりも「高いところ」に避難する。

③　避難は原則徒歩にする。

以上のように、どこで巨大地震や津波に遭遇するかもわからないし、いつ発生するかもわからない。それが台風などと大きく違う点である。巨大地震には必ず余震が伴い長期間恐怖にさらされる。また、津波にも第一波に続き第二、第三と次第に大きくなるケースが多い。

したがって、警報が出たら直ちに「逃げる」という習慣を身につけ、自分勝手な判断は慎む。また、防波堤や防潮堤があるから大丈夫という判断も極めて危険である。

一瞬の判断が自身や家族の生死にかかわるものであることを十分に認識し、自然災害に備えて欲しい。

超高層建物の長周期地震動への備え

南海トラフ巨大地震がひとたび起きれば、たとえ震源が遠くても超高層ビルやマンションでは甚大な被害が出る可能性がある、と内閣府がまとめた対策の中で指摘している。

長周期地震動とは、がたがたと揺れる通常の震動と異なり、数秒から数１０秒の長い周期でゆっくりと揺れる地震動をいう。

東日本大震災の際、東京新宿副都心の超高層ビルが互いにゆっくりと近づいたり離れたりする画面をテレビで見られた人は思い出していただきたい。ビルやマンションは超高層（地上60メートル以上を超高層と定義）の建物ほど揺れの周期が長く、これに長周期地震動が加わると長い周期の揺れが重なり合って「共振」現象が起こる。

高さ100メートル以上の超高層ビルがとくに影響を受けやすいといわれるが、南海トラフ巨大地震が発生した場合、東京の高層ビルやマンションの揺れの強さは東日本大震災の2倍を超え、震源に近い大阪、名古屋ではより強くなるといわれる。

これは日本建築学会の小委員会が分析した結果だが、その理由は長周期の地震波を強める「やわらかい堆積層」が続いているからだという。長周期の地震はこの堆積層に誘導されて関東平野に到達し首都圏の揺れが増幅される。その影響を受けやすいビルやマンションは関東平野に650棟、大阪平野におよそ180棟、濃尾平野に50棟ある。

1981年以前の建物では変形の可能性や内部設備、配管配線等に障害が発生する場合も予想される。このことから、マンションなどの場合補修完了までの間、居住制限がかかるなどの問題が生じる可能性がある。そのため、近年の超高層ビルやマンションなどタワー型建物では地震の揺れに強い「免震構造」を導入するケースが増えている。この世界に誇る耐震、免震、制震技術によって地震大国日本で超高層建築が可能になったのだが、問題は建物の長周期地震動によって発生するオフィスや居住空間内の備品や家具の転倒、移動による人的被害の発生にある。

気象庁による長周期地震動の揺れは4段階に分離されている。以下にその内容を示す。

階級	人の体感・行動	室内の状況
1	室内にいたほとんどの人が揺れを感じ驚く人もいる。	ブラインドなど吊り下げものが大きく揺れる。
2	室内で大きな揺れを感じ、物につかまりたいと思うようになる。歩くことが難しい。	キャスター付器具がわずかに動く。棚にある食器類、書棚の本が落ちることがある。
3	立っていることが困難になる。	キャスター付器具が大きく動く。固定していない家具が移動することがあり、不安定なものは倒れることがある。
4	立っていることができずはわないと動くことができない。	キャスター付器具が大きく動き、転倒するものがある。固定していない家具の大半が移動し、倒れるものもある。

以上だが、東日本大震災発生時の東京23区内の超高層ビル、マンションの大半は段階4の「立っていることができず、はわないと動くことができない」状態だったことが後の調査で判明している。長周期地震動は震源から数100キロ離れていても弱まらないため、南海トラフ巨大地震の震源であっても首都圏の非免震、非制震超高層ビルやマンションでは甚大な被害が出る可能性がある。

東京では都庁本庁舎（48階建て243メートル）大阪府の咲洲庁舎（55階建256メートル）のような200メートル超級のビルがとくに要注意といわれる。このため東京都は揺れを軽減するため40億円を投じてビル内部に合計150台の油圧式ダンパーを設置した。

一見するとどの超高層ビルやマンションも揺れ巾が同じと思われがちだが、立地する地盤や建物構造、建物高さなどによって揺れの周期が異なり、これに長周期地震動が加わって「共振」が起こると、大きく長い揺れが続く。超高層建物特有の警戒すべき現象が起こり、働く人、住む人の生命の危険が一気に高まる。

したがって、揺れを最小限に押さえ込む減震設備を施すか、それともキャスター付きの機器はキャスターをはずし、事務機、机、家具など固定できるものはすべて固定し、室内での転倒、移動を阻止するか、いずれかを徹底しない限り巨大地震への対応は万全とはいえない。多くの人的被害が出てからでは遅いのでたとえ免震、制震ビルやマンションであっても念には念を入れ減災対策に万全を期すことをお奨めする。

最後の砦「公助」の強化に期待する

環境省は２０１４年３月に将来発生が懸念される巨大地震を想定してガレキの発生推計値を発表した。

南海トラフ地震では最大でおよそ３億１０００万トン、東日本大震災の１１倍で既存施設で処理するには最長で２０年かかるという。

また、首都直下地震でのガレキは最大で１億１０００万トン、東日本のおよそ３・５倍という途方もない数字である。

官民一体で取り組んだとしても当初の４～５年間は死者、行方不明者の捜索、ガレキの処理に追われてまともな生活は望むべきもないように思われる。

阪神淡路大震災、東日本大震災以上の破壊と混乱が渦巻く変わり果てた姿の街が関東以西の太平洋岸各都市に出現し、「自助・共助」の備えの甘さにさいなまされながら自然の猛威に改めて恐れを感じるに違いない。

津波に押し流されガレキの山と化した「わが家、わが街」、倒壊し大火に焼き尽くされ焦土と化した街、そして、愛する家族を見失った時、祈るような気持ちで待ち望むのが「公助」である。

確かに、市町村、警察、消防、海上保安庁、そして自衛隊を始めとする多くの関係機関は壊滅的な被災地から人命を守り社会秩序を回復するために、命がけで戦ってくれるありがたい存在だ。

阪神淡路大震災、東日本大震災でのあの献身的な活動に多くの国民は感謝し涙した。

その後、警察は災害から市民を守るため、東日本大震災以後警察災害派遣隊を創設した。人命救助は勿論だが避難した無人の民家、商店、コンビニのＡＴＭなどを狙う窃盗事件などの急増に対応するためでもある。

また、ヘリコプターで上空から救助する航空隊、通信を確保する通信隊、交通整理、住民の相談支援にあたる生活安全部隊など多岐にわたる組織強化を行っている。

一方、消防は都道府県の枠組みを超えて活動する消火、人命救助、救急のプロフェッショナル集団、緊急消防援助隊に加えて、特殊災害部隊、航空部隊、水上部隊、さらに、これまでにも数々の活躍でその名を知られるハイパーレスキュー隊を強化した。東日本大震災ではこれら各部隊が3月１１日発災の日から6月６日までの８８日間で延べ１０万９０００人、コンビナート火災を含む陸上、海上の両面で救援活動を展開した。

さらに、海上保安庁は日本の海を守るプロ集団だが、東日本大震災ではおよそ１0か月間で巡視船艇１万１６３０隻、航空機３６３０機の他特殊救難隊、機動救難士、機動防除隊を派遣し、海上を中心に人命救助にあたった。

とくに、津波で海に流された多くの行方不明者の捜索に延べ５３００人もの潜水士を投入、冷たい海で多くの遺体収容にあたった光景は悲しい記憶として脳裡に焼き付いている。

そして、3月１１日から8月末までの間延べ１０６０万人もの自衛官を派遣し救援、救助、捜索にあたった防衛省の存在がある。給食、給水、入浴から洗濯まで被災者にとって命の綱ともいえる支援に明け暮れた自衛隊、その活動範囲は陸、海、空に及び、各自治体と共にさまざまな生活支援にあたった。多くの被災者はどれほど助けられたことか言葉に尽くし難いものがあるという。

さらに、治療、移送、健康相談にまで応じてくれた衛生科部隊の存在も見逃せない。自治体というとヘリコプターや大型機械での救助や捜索が中心と思われがちだが、大震災では負傷者や生死の間をさ迷う重傷者が多数出る。にもかかわらず行き場のないこのような人たちを救助する部隊の存在は極めて大きい。

阪神淡路大震災や東日本大震災を思い起こすまでもなく、このような災害活動の最前線で支援、救助にあたってくれる公助なしには被災地や被災者の復旧、復興の礎さえも築けない。

その中核になって指揮調整し避難所設営から運営、地域民の生活、仮設住宅に関する用地探しや設営まで、住民の不平不満に耐えながら誘導するのが公共団体である。国県は勿論だが地域に密着する各市町村と関連機関、民間団体の役割やシステムの強化が大きな課題だが、財政悪化で災害対策にまで手が回らない状態が続いているのが現状だ。

このような状態で巨大地震や津波、火災が発生したらどうなってしまうかだ。したがって、国も地方公共団体もハード、ソフト両面の防災減災対策と共に、援助体制の強化にも真剣に取り組む必要性を痛感する。

その一方で、「自助、共助」の強化や非常事態体制ともいうべき備蓄、避難施設や高台移転、小地域ごとの「助け合い」制度の推進など、国家プロジェクトとしてより実践的な取り組みを行う必要性を痛感する。

第2部　火山噴火・異常気象・原発事故編

第1章　長期警戒期に入った「富士噴火」

危機感薄い「火山防災」

ひとたび噴火が起きると噴煙やマグマなどを火口から噴出する。噴出物には火山ガス、ドロドロに溶けた岩、固体の火山砕屑物（火山灰）などだが、火山ガスには主に水蒸気、二酸化炭素ガス、亜硫酸ガス、塩化水素ガスなどの有毒物が多い。

２０１４年９月２７日に突然噴火し、戦後最悪の犠牲者を出した御嶽山も水蒸気と共に大量の火山灰、噴石、そして、有毒ガスを噴出し捜索活動の大きな障害になったが、わが国の火山の大半はマグマ噴火である。

マグマ噴火には溶岩（マグマが地上に噴き出たものを溶岩と呼ぶ）が伴うが、粘性の弱いものと強いものがあり、弱いものは溶岩流となって流れ、強いものは流れずに留まる。前者は１９８６年の伊豆大島で全島民１万人がおよそ１か月間島外避難を余儀なくし、後者は１９９０年の雲仙普賢岳などに代表される。とくに、普賢岳では溶岩ドームが成長して砕け強烈な火砕流が発生、４０人の死者と３人の行方不明者を出し、全国に火山の恐ろしさを知らしめた。

そして、２０００年に発生した北海道有珠山と三宅島の例だ。前者は強烈なマグマ水蒸気爆発が起き複数の火口から熱泥流が流下する一方、噴煙が３５００メートルに達し広く火山灰が降り注いで温泉街などに多大の障害を与えた。

さらに、後者の三宅島噴火では断続的に噴火を繰返し、多量の火山ガスと噴石の放出により全島避難に追い込まれた。解除されたのは４年５か月後の２００５年である。

このように、ひとたび噴火が起きると噴煙やマグマ、ガスなどさまざまなものが放出され火砕流や火山灰が追い打ちをかけるように街や人々に襲いかかる。

だが、常時監視対象である国内47プラス3活火山に関連する自治体の80パーセントは避難計画を策定していない。火山に異変が観測されたり噴火が起きた場合、その動向を監視する火山の研究者も他国に比べて少ない上に、多くの自治体も意外に緊迫感がないのが実情だ。

その理由のひとつは、大学や文科省が噴火の予知に関する研究、気象庁が火山の監視、地殻変動の調査は国土地理院といったように縦割が弊害になっているという見方がある。

日本と同じ火山国であるイタリアでは国の機関に一元化されており、このままでは噴火予知などの重要な役割を外国の専門家に頼らざるを得なくなる、と危惧する声もあがる程に組織も人材も予算も弱体化しているという。

つまり、火山の動きを観測、調査する専門機関がないために、火山学を専攻する人材育成も防災予算も有効に機能していないのだ。したがって、このような状況に連動して関連自治体の動きも緩慢になってしまっている、といっていいのかも知れない。

このように危機感が希薄な状況の中で突然に伊豆大島や三宅島、普賢岳のような噴火が起こったら国も地方自治体も地域住民もどうするつもりなのか、世界有数の火山、地震国であるが故に心配は尽きない。

今も噴火を繰返し火山との戦いの歴史そのものといっても過言ではない、鹿児島県の桜島（警戒レベル３）では当然ながら島民４７００人の避難計画は策定済、火山災害に対する備えは極めて高い。一方、気象庁が小規模噴火の恐れがあるとしてレベル2に引き上げた群馬県草津白根山について、県や地元温泉町の反応は「火口近くに噴石が飛ぶ恐れはあるが住民や温泉街に影響はない」あるいは「山に異変が起きている実感がない」など全般的に危機感が薄い、と報じられた。

つまり、桜島のように噴煙が上っていないから「問題ない」と勝手に判断している点が問題なのである。

先にも述べたように、日本列島とその周辺海域一帯は活発な地殻変動期に入っており、東日本大震災もその一環で起こっている。

たとえ噴煙が上っていなくとも、地震に誘発されて一気に火山活動が活発化する恐れが十分にあるのだ。草津白根山のみならず常時監視体制下にある50（最近新らたに3つの火山が加えられた47プラス3となった）火山すべてがそのような状況にあると考えていいだろう。

中でも300年間沈黙を守り続けている最大の活火山、富士山の動向だ。最も注視されているのはこれまで述べてきたとおり、宝永噴火が地震によって引き起こされたように、やはり巨大地震がトリガーになる可能性は大いにある。

あるいは、小さな地震が幾つか積み重なって火山活動を誘発する事態が起こるかもしれない。噴煙が吹き上がる間もなく突然に噴火に及ぶ可能性が皆無ではないのである。

1150年前の「貞観大噴火」と308年前の「宝永大噴火」がこれまでの2大噴火といわれているが、これまでも多種多様な噴火を繰返しており確率は別としても「噴火する可能性は常にある」と火山学者の意見は一致する。

ただし、他の活火山に比べて三種の神器といわれる観測機器が整っており、この点では僅かな変化も見逃す心配はないという。しかし、それだけの監視体制にもかかわらず噴火を正確に予知するのは極めて難しいという火山学者も存在する。

その理由は、地中深くにある「マグマ」の組成や温度、ガスの量、マグマ溜りに対する外圧、上昇する火道の大きさなど「すべてはマグマ」の動向にあって、その実態を正確に把握するのが困難だからだという。

・噴火警戒　レベルは以下の通り

	レベル	火山活動の状況	対象範囲
噴火警報	レベル1（平　常）	火山活動は平常。火山活動の状況によって火口内で火山灰の噴出等が見られる（場合によって生命に危険が及ぶ）。	火口内等
火口周辺警報	レベル2（火口周辺）	火口周辺に影響お及ぼす（「この範囲に入った場合には生命に危険が及ぶ）噴火が発生、あるいは発生が予想される。	火口周辺
	レベル3（入山規制）	居住地域の近くまで重大な影響を及ぼす（この範囲では生命に危険が及ぶ）噴火が発生、あるいは発生が予想される。	火口から居住地近くまで
噴火予報	レベル4（避難準備）	居住地域に重大な被害を及ぼす噴火が発生すると予想される（可能性が高まる）。	居住地域
	レベル5	居住地域に重大な被害を及ぼす噴火が発生、あるいは切迫している状態にある。	居住地域

以上だが、常にあらゆる場面を想定した「備え」を怠らないことが肝要である。

地震が火山噴火を誘発する

わが国は世界有数の地震国であると同時に火山国でもある。世界遺産に登録された富士山でさえ過去2000年間に大小あわせて75回の噴火を繰返し現在の美しい富士山が出来上がったといわれる。

中でも、1150年前の「貞観大噴火」では大量の溶岩が流れ出し今の「青木ケ原樹海」や西湖、精進湖ができ、300年前の宝永大噴火では2週間続いた噴火で江戸の街に4センチの火山灰が積もったという。

だが、ここで注目しなければならないのは地震と噴火の関係だ。東日本大震災4日後の3月15日富士山直下でマグニチュード6・4の地震が発生、富士山爆発かと火山学者を慌てさせた一件があった。過去にも地震が誘発したとみられる火山噴火は数々見られる。

以下、主なものとして

・869年　貞観地震・津波

①　871年　　鳥海山（山形・秋田県）

②　874年　　開聞岳（鹿児島県）

③　915年　　十和田火山（秋田・青森県）

・1611年　慶長三陸地震・津波

①　1640年　駒ヶ岳（北海道）

②　1663年　有珠山（同）

③　1667年　樽前山（同）

・1707年　宝永地震

①　１７０７年　　富士山（静岡・山梨県）

中でも１７０７年の富士山「宝永噴火」は、今最も危険視される「南海トラフ」で起きた巨大地震「宝永地震」（マグニチュード８・６）の４９日後に始まっている。南海トラフ巨大地震が起こると１年以内に富士山噴火が起こるのではないかといわれるのは、このような過去の因果に由来している。

１９５０年以降海外で起きたＭ９級の巨大地震の５例は３年以内に噴火を誘発している。

例えば、観測史上世界最大だった１９６０年のチリ地震（Ｍ９・５）では２日後にコルドンカウジュ山が、また、スマトラ沖地震（Ｍ９・１）では４つの噴火を引き起こし、中でもジャワ島中部のムラピ山は高温のガスが駆け降りる火砕流を繰返し、３００人以上の死者を出している。

このような誘発現象を「トリガリング」（引き金を引く）と呼んで警戒しているが、万一にも富士山や浅間山など首都圏に近い活火山で噴火が起こったら、東京をはじめ関東一円に多大な被害をもたらすため、気象庁は自治体や防災機関などに「火山防災協議会」の設置と警戒を呼び掛けた。

とくに、富士山は宝永噴火を最後に３００年以上沈黙しており、気象庁をはじめ防災科学技術研究所、東京大学地震研究所などが多くの観測機器を設置し２４時間体制で監視を行っている。

これらの監視チームは、現在の富士山の状況について１７０７年の宝永噴火の直前と極めて似た状態にあり、警戒が必要との分析結果を発表、「南海トラフ地震など大きな地震が起これば次の噴火を引き起こす可能性がある」と指摘した。

富士山の地下にはおよそ３００年間マグマが溜まり続け、ガスが閉じ込められた風船のような状態にあり、地震による地殻変動で岩脈に隙間ができると一気に噴出する可能性がある、と警告している。

これまでも、さまざまな場所から平均で３０年に一度の割で噴火しているが、宝永以降小規模な噴火すらないことから「次の噴火は大きなものになる」と研究者は見ている。このことから政府は２０１２年８月に噴火に備える検討会を設け、最も心配な降灰が首都圏全域に及ぶことから二次、三次被害の拡大など、健康と生活にかかわるものを中心に関係市区町村に必需品の備蓄を呼びかけた。

しかし、貞観噴火の時のように２年近くも続くとどう備えればよいのか、被害の範囲がどこまで拡大するのか想像がつかなくなる。

仮に、２年近くも連日灰が降り電力も水道水も止まり道路や鉄道、空港がマヒすることになれば事実上都市機能は停止状態に追い込まれる。

このように、噴火の可能性がある活火山は全世界でおよそ１５００あり、その７％にあたる１１０もの活火山が日本に存在している。富士山もその中のひとつだが地震、津波大国に加えて火山大国であることも肝に銘じ、常に万全の備えを心掛けなければならない。

長期警戒期に入った「富士山」

国の火山噴火予知連絡会は、１１０ある活火山のうち２４時間体制で観察が必要な５０の火山を選んだ。富士山もその中に含まれ常時監視が続いている。だが、それでも噴火の数日から数時間前までしか予知できないという。

警戒レベルは５段階に分かれており噴火の可能性の低い「レベル１」から徐々にレベルが上がり、最も危険性の高いものが「レベル５」に位置づけられる。

・レベルの内容は以下のとおり

レベル	警　戒　内　容
1	平常、生活はいつも通り、状況により規制
2	火口周辺の立ち入りを規制、生活はいつも通り
3	入山を規制、生活はいつも通り
4	警戒の必要なエリアで避難の準備に入る
5	危険なエリアから避難する

現在、国内で最も高いレベルにあるのが鹿児島県桜島の3、次いで東京都三宅島、白根山、鹿児島県と宮崎県境の霧島山系新燃岳、熊本県阿蘇山、福島県吾妻山などの2、富士山はレベル1である。にもかかわらずなぜ噴火が取り沙汰されるのかだ。

その理由は、先にも述べたとおり「300年の沈黙」と大地震後数年以内に噴火するという研究者の「経験則」に加え、マグマが溜まり続けており地震が引き金になっていつ噴火してもおかしくない状況にあるからだ。

そして、もうひとつの危機要因は「山体崩壊」である。富士山はもともと噴出した溶岩や火山灰が何層も重なって斜面を作った「成層火山」である。層の境目が割れやすく地震などが引き金になって大規模に崩れ落ちる「崩壊」がまれに起きる。

2900年前に起きた山体崩壊では2つあった山頂のひとつと東斜面が崩れ、11億立方メートルもの土石流が発生したといわれる。

巨岩が混じる土石流が時速100キロ前後で現在の静岡県御殿場市を直撃し、さらに、沼津市や小田原市

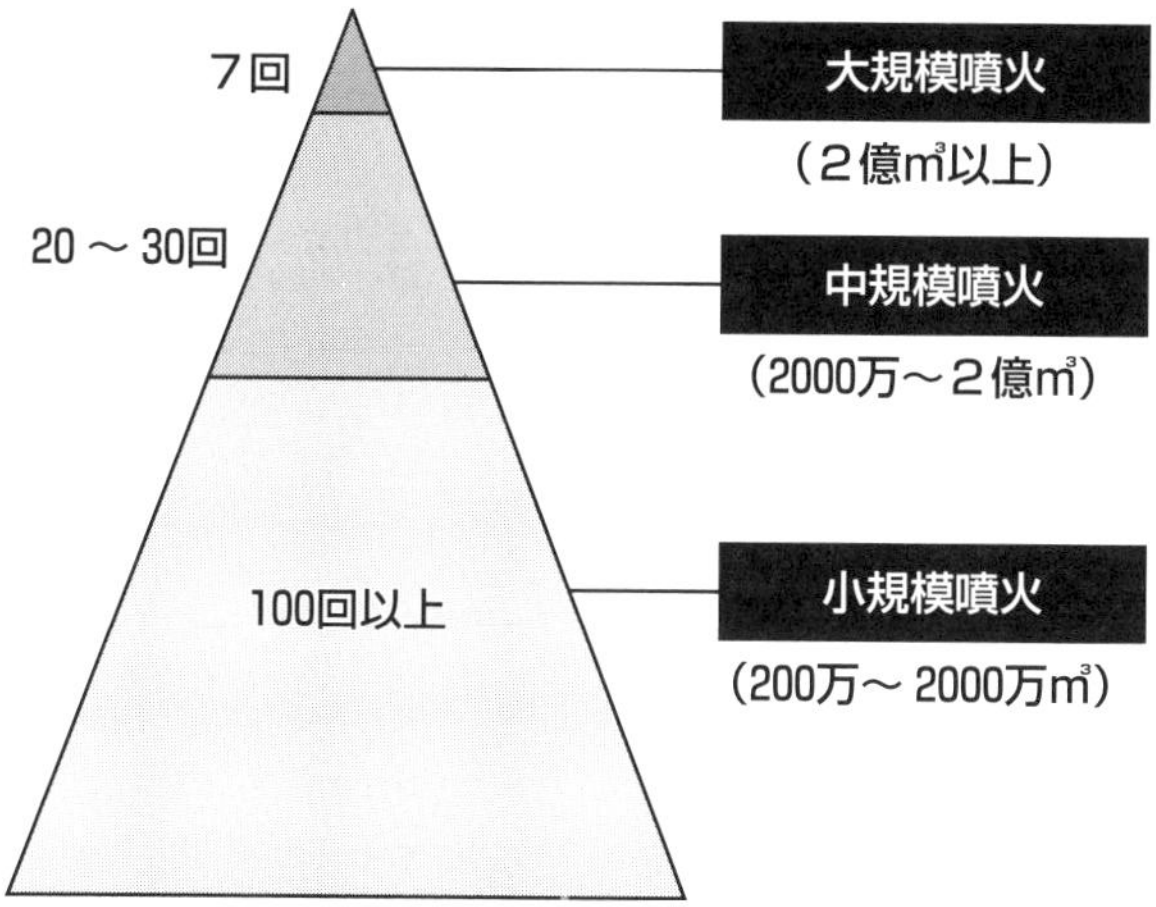

図７　過去3200年間に起きた富士山の噴火の規模と回数

（　）内は、マグマの量に換算した噴出量等

（出典）気象庁

も覆い土砂崩れは２００年以上続いたという。

もし、富士東部側で発生すれば御殿場市（人口８万８０００人）はほぼ壊滅し、最大４０万人が犠牲になる恐れがあると静岡県の防災・原子力学術会議、地震・火山対策分科会で静岡大学の検討結果を発表した。

しかし、このような大規模な山体崩壊の頻度は５０００年に１回程度と推定されてはいる。問題は南海トラフをはじめとする巨大地震の発生に左右される点にある、といっていいだろう。

このように、見た目の美しさとは裏腹に山体崩壊と噴火を繰返しながら現在に至ったれっきとした「活火山」であることを理解する必要がある。

通常５０万年から１００万年が活動期といわれる火山のなかで、富士山はまだ１０万年にも満たない若い部類に入る活火山である。人間でいえば１０代から２０代前半の最も活発な成長期にあるといってもいいのである。

したがって、ちょっとした刺激や状況変化で暴走したり暴発する危険性を内包しているのだ。だが、「今のところ目立った異変は確認されていない」と専門家はいう。

通常、噴火の前には地下からマグマが上昇するため特有の火山性地震が起きたり、山体が膨らんだりする。これらの微量変化も地震の長期観測で把握できるという。

だが、「噴火の可能性は常にある」という点で多くの専門家の意見は一致する。最大の悲劇は、南海トラフや首都直下地震に触発されて富士山が噴火するダブルパンチである。この双方が同時に起こった時「日本崩壊」は現実になる。

まず、東京を始めとする首都圏、東海道ラインが壊滅し、政治、経済はもとより広域交通体系を始めとするインフラ、ライフラインが長期にわたりストップする可能性があるからだ。

溶岩流が麓市町村を襲う

現在、富士山の活動が活発化しているという兆候はないが、大規模な噴火が発生した場合の被害規模や周辺に及ぼす生活環境全般への悪影響は、ほかの火山に比べて甚大なものになる可能性がある。

このことから、国の中央防災会議は２００６年に「富士山火山広域防災対策基本方針」を定め、国、県、市町村および各研究機関に対しては平常時から富士山の火山活動に関する監視体制の強化、万一の際の火山情報の流し方、初動体制などについての方針を決定し防災全般の見直しを行うよう要請した。

さらに、富士山の噴火による被害を想定した静岡、山梨、神奈川３県と国による「富士山火山防災対策協議会」で初の広域避難計画を２０１４年２月に策定した。

この中で、富士山噴火に伴う３県の避難対象住民はトータルで４７万人、とくに神奈川県１県で４０万６

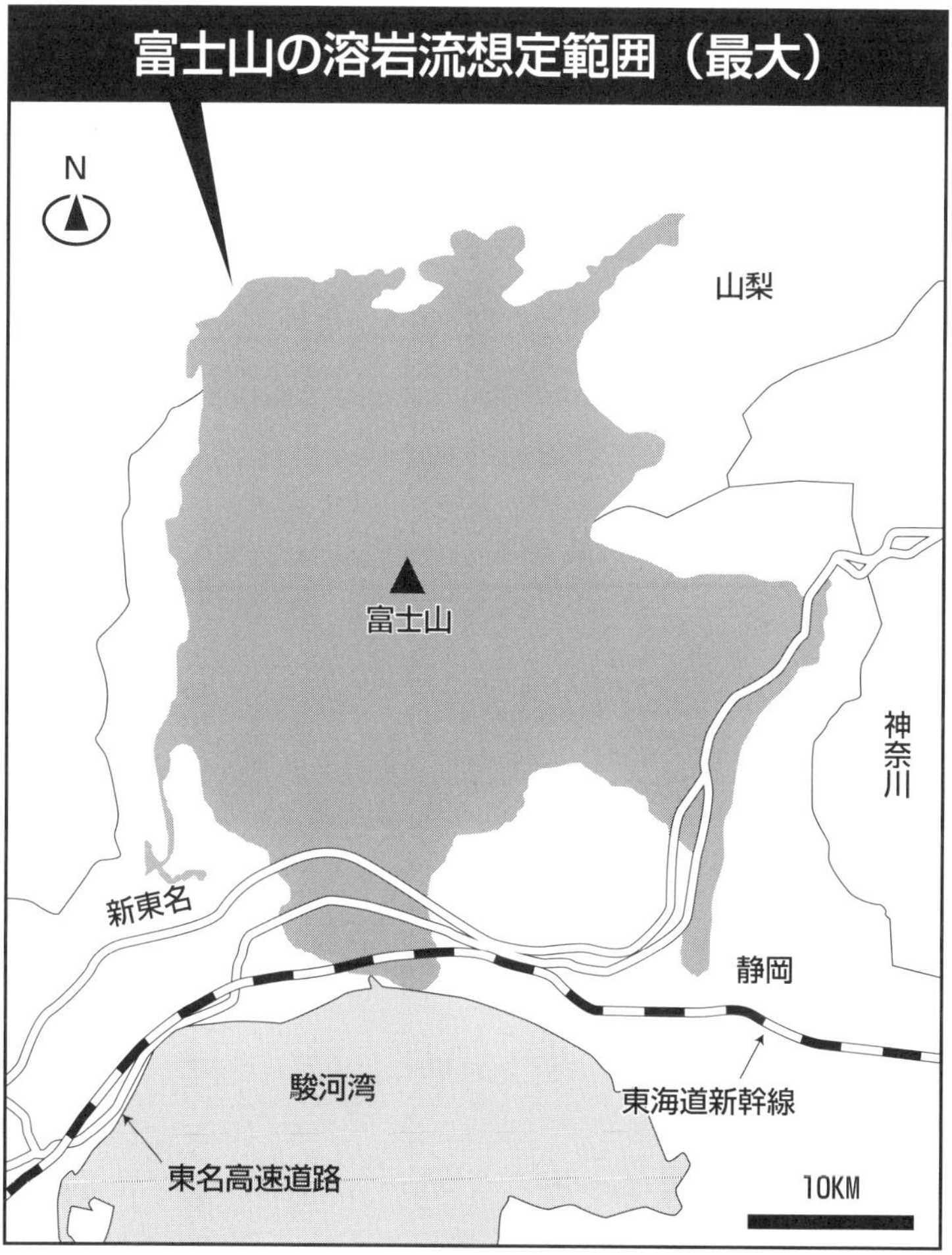

図８

（出典）富士山火山防災対策協議会

０００人、静岡県が６万２０００人、山梨県１０００人と神奈川県への影響が突出している。その理由はおいおい述べるとして、万一の際富士山はどのような噴火を起こすのかだ。

ひとたび噴火が起きると噴煙やマグマなどさまざまなものを噴出するが、まずイメージされるのは噴煙と共に噴出するマグマである。７００〜１２００度の溶岩が山肌を流れ落ち、時として集落や街を襲いすべてを焼き尽くし人命を奪う。

貞観噴火の際にできた青木ケ原樹海や富士五湖のうちの２つ、西湖と精進湖も溶岩の名残である。

このようにマグマの噴出によってできた山を火山と呼ぶが、現在の富士山の美しい稜線も何回かのマグマの噴出によって形成されたもので、マグマは今も富士山の地中深くで活発に活動を繰り返している。

このような状況に対して、火山学者の中には「噴火へのカウントダウンが始まった」といい切る人もいる。

一方、南海トラフのような巨大地震が起こり強い力で富士山内部にヒビが入ると、そこから一気に爆発的噴火を引き起こす可能性がある。（産業技術総合研究所などのチーム）と公表したように、大方の火山学者は「そう遠くないうちに噴火する」と見ている。

いずれしても、宝永噴火以降３００年もの間マグマ溜りには許容量を越える大量のマグマが蓄積されている。何らかの外圧が加われば一気に放出（つまり噴火）する可能性を秘めているとみている。

かつて、貞観噴火は2年近くも続き、宝永噴火でも２週間強続いたとされる。仮に富士山噴火が２週間以上も続いたとしたら被害の程度は想像を絶するものになるだろう。

このような状況を受けて3県で組織する対策協議会は、富士山噴火で溶岩流が山頂から山麓にかけて流れる方向を１７のパターンで想定し、東は静岡県御殿場市を含む3流域、西は富士市や富士宮市を含む7流域、北は山梨県河口湖町や富士吉田市を含む7流域に分類し、溶岩流域の警戒レベルに応じて自家用車やバスで指定の避難場や流域外に逃げるという対策をとるという。

だが、最大の問題は南と東への溶岩流だ。南に大量の溶岩が流れた場合、駿河湾沿いを走る東名高速道路と東海道新幹線を乗り越える可能性があるからだ。つまり、溶岩に埋め尽くされ、また、東へ流された場合も同様に東名高速道の一部が溶岩に埋め尽くされる可能性があるのだ。

万一にもこのような状況が現実のものとなったら、おそらく数ヶ月どころか年単位で東西主要動線がストップし、経済、流通すべての面で大打撃を受けることになる。このような日本の大動脈ともいうべき東海道ラインが寸断し、長期にわたって流通が止まるといった事態は誰もが想像できない筈である。

いかに科学技術が進もうとも、火山と地震に抗する術がない以上、その巨大災害からどう身を守り家族を守るか、その一点に集中した防災減災対策を考える以外に方法はない。

溶岩流については、噴火後24時間以内に流れ着くエリアの全住民、とくに、高齢者などの災害弱者を事前に避難させなければならない。

だが、前に述べた山体崩壊（土石流）や冬期に噴火した場合の大量の雪解け水がトリガーになって起こる「融雪型火山泥流」など、何が起こるかわからない側面があるので考え得る極限の対策を早期に講じるようお勧めしたい。

火山灰が驚愕の生活難を招く

火山の噴火は溶岩流、火砕流、火山ガスなどで多くの命を奪う災害をもたらす。だが、それ以上に広域エリアに大被害をもたらすのが「火山灰」だ。

火山灰は雪のように溶けず人為的に取り除かない限り二次、三次被害を生み出す極めてやっかいなものである。

富士山の宝永噴火では高度2万メートルまで噴煙が上り偏西風に乗って僅か2時間で江戸の町に届き4センチ程度の降灰をもたらしたといわれる。

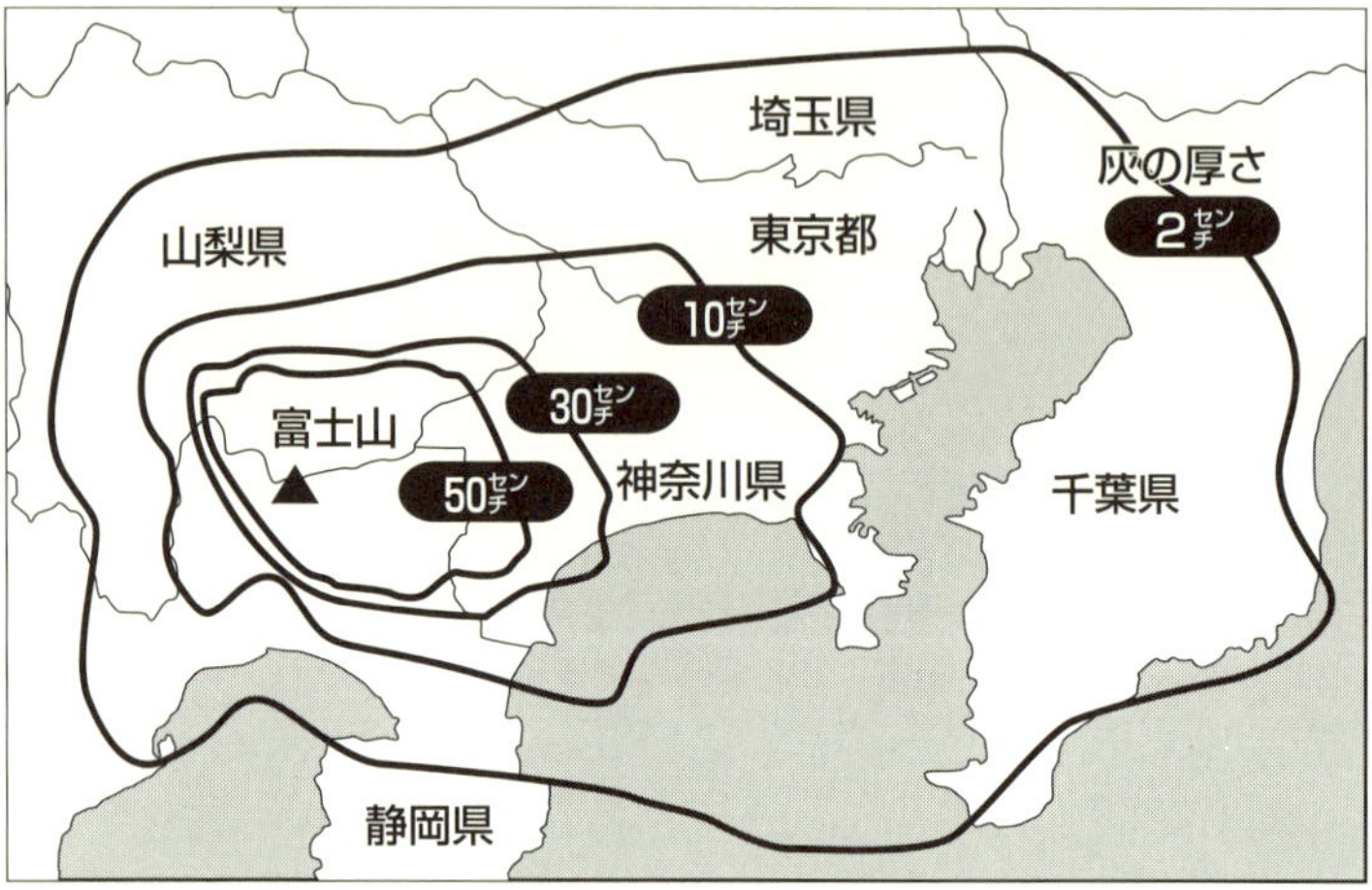

図９　1707年の宝永噴火（噴出量７億立方メートル）を基にした火山灰の降下予想

（出典）富士山火山防災協議会

もし、富士山が宝永噴火と同様の爆発を起こしたら富士山の東部、神奈川県の南足柄付近まで５０センチ、秦野市付近までは３０センチ、横浜市付近で１０センチ、東京で２から１０センチ、埼玉県南部、千葉県、山梨県北西部で２～５センチ程度の降灰が予想されている。

　降灰は風向きに大きく影響されるが、仮にもこれ程の降灰があったら麓の各市町村はもとより、首都圏、とくに首都機能が集中する東京、横浜は一体はどうなってしまうのだろうか。

　マグマが砕けてできる火山灰は、主成分はガラス質である。屋根に３０センチほど積もって水を含むと木造住宅を押し潰す重量になるので被害は甚大となる。

　まず、火山灰は太陽光をさえぎり日中でも電気をつけなければならない程暗くなる場合がある。視界不良に加えて道路に堆積した数ミリの火山灰でも運転が困難になり、事実上交通網は大混乱に陥る。

　一方、航空機にも大きな障害が生じる。ジェットエンジンが取り込む空気に火山灰が混じるとタービン内に灰が入りエンジン停止に追い込まれる。従って、羽田空港

降灰や噴石	建物	木造家屋が倒壊、焼失
	交通機関	道路が通行不能、鉄道や航空ダイヤが混乱
	電力・水道・通信	漏電による停電。 浄水場の処理量低下、電波障害など
	農業・森林	農作物被害、牧草・森林の枯死
	産業、商業、医療など	物資や人手が不足し、操業不能に
	観光	降灰で観光客が減少
二次災害	建物など	降灰後の洪水・土石流で浸水・全壊

図10

（出典）富士山火山防火協議会

の発着はもちろんのこと場合によっては成田空港も閉鎖に追い込まれる可能性がある。このように陸と空の輸送網、物流が長期間ストップした場合大都市居住者は直ちに生活困窮に陥る。

だが、それだけではない。

われわれの生活に欠かせない電気、水もストップする可能性があるのだ。まず、火力発電所も空気中に火山灰が混じると発電の主力であるタービン内に灰が入り運転不能になる可能性があるという。

だが、発電ができなくなるだけでなく送電鉄塔の碍子や送電線に水分を含んだ火山灰が付着すると漏電が起こり停電を引き起こす可能性があるともいわれる。

そうなれば、テレビ、ラジオ、パソコン、スマホ、携帯、タブレットに頼る情報通信網は寸断し、不安な日々を過ごさざるを得なくなる。

そして水である。浄水場も取水やろ過装置に異常が発生し、正常な飲料水の供給に深刻な影響が出る。宝永噴火で2週間、貞観噴火では2年も続いたという噴火活動に倣えば、その間は極めて不便な生活を強いられることになるだろう。

さらに、農業が壊滅的打撃を受ける。農地にガラス質の火山灰が積もると農地が破壊されるだけでなく、ビニールハウスの大半も火山灰の重みで崩壊する可能性がある。

このように、火山灰とは限りなく被害を拡大する極めてやっかいな代物なのである。三宅島の噴火の際は空中の火山灰に水蒸気がまとわりついた雨が降り、島中が泥のクリームに覆われた。これが乾燥すると洗い流すのが困難になる。

また、ガラス質の火山灰を吸うと肺や気管支を傷つけ、コンタクトレンズを着用している人に限らず角膜や結膜を傷つけるという。

国は宝永地震と同等規模の噴火が2週間続くとした場合の直接経済損失を2兆5273億円と推計したが、2次、3次被害を考え、地域民の避難生活と健康被害、火山灰の広域収集廃棄、農業損失等を総計すればおそらくその10~20倍以上になるであろうことは容易に想像がつく。

富士山の噴火にどう備えるか

噴火は火山ごとに違い予測の難易度も異なる。山麓に住む人たちは公表されているハザードマップを見て溶岩流や噴石、2次災害として起きやすい泥流がどこまで及ぶかなどを知っておく必要がある。

多くの場合火山が前触れなく噴火することはない。したがって、避難には数時間から数日の猶予があるので避難情報が流れたら直ちに行動が起こせるよう、普段から避難準備を整えておくことが大切になる。

2014年2月の静岡、山梨、神奈川の3県による広域避難計画では、「溶岩流はどこに来るかわからない。だが、火山灰だけは避けられない。」として富士山の東側にあたる近隣市町村、とりわけ富士山麓の静岡県御殿場市、裾野市、神奈川県側の南足柄市、小田原市付近までの堆積50センチエリアの避難計画は急を要する課題になっている。

だが、降灰量は少ないものの１３００万人と中枢機能の大部分を擁する首都東京は、いまだに具体的な避難先や避難ルートが示されていない。

また、かなりの重量物である大量の火山灰をどう片付けるかなどの具体案も不明確なままだ。少なくとも堆積５０センチエリアの木造住宅はほぼ破損または崩壊する可能性が高いことから、火山灰と共にどうするのか容易でない課題も残っている。

国と3県の担当者および各市町村の担当者はこの厳しい自然災害に対応し、どう命を守るかに腐心している様子だが、その背景には、宝永噴火同様に南海トラフ巨大地震に触発されて起こるダブル型の可能性が高い、と考えているからではないだろうか。

それはそれでひとつの考え方なのだが南海トラフ、首都直下地震に富士噴火が加わったら対策が立たないのは当然といえば当然である。その理由は、いずれも人智を遥かに越える巨大災害だし想定以外に何が起こるかわからない側面があるからだ。

幸い、噴火は地震や津波と違って避難する時間に若干余裕がある。これがため同協議会の推計では死者ゼロを謳っている。だが、限られた時間内に高齢者も身体不自由者も病人も含め、溶岩流や火災泥流から無事避難できた場合のみ可能な数字であることを付け加えておきたい。

さらに、火山灰３０センチ以上の広域一般住民の避難が待ち受けている。従って、行政能力を遥かに越えた課題になっていることも理解できる。

つまり、「公助」だけでは対応不能ということなのである。そこで、第6章で述べた「自助・共助」の備えが重要になる。問題は火山灰の処理如何にかかってくるが、降灰は少なくとも2週間続くと考えれば最低

1週間分の食料、水、トイレ用品等の備えは絶対条件になる。

自助、共助、備蓄品については第6章を参照して頂くとして、それ以外の注意点について以下に述べる。

避難する際は電気のブレーカーを落とし、ガスの元栓を閉め戸締りをする以外に避難先を記した避難カードを玄関ドアに貼ると便利である。その上で避難時は熱風や降灰から身を守るための次のような服装をお奨めする。

①　長袖・長ズボンに上着を着用する。
②　噴石に備えてヘルメットをかぶる。
③　目、鼻、口に火山灰が入らないようゴーグルとマスクを装着する。
④　火山灰や泥水の中を歩ける頑丈な靴を履く。必ず軍手などの手袋を着用する。
⑤　携帯品はリュックサックにつめ両手を使えるようにする。
⑥　ハザードマップを参考に危険な範囲を避けて避難する。

以上だが、このような想像を絶する巨大災害では実際のところ予測を超えて何が起きるかわからない点が多い。自分自身の命を守り家族の命を守るにはマニュアルにとらわれない防災、減災対策を考え、警報と共に迅速に行動できるよう常日頃から準備を整えておくことが重要になる。

何度もいうが「備えあれば憂いなし」である。

第2章　深刻化する異常気象

異常気象を招く地球温暖化

年平均気温が1・1度上がると東京が宮崎県並みになる。すでに、東京湾では熱帯魚が泳ぎ回り、深海魚である「リュウグウノツカイ、ダイオウイカ、メガマウス」などが全国各地で頻繁に捕獲されるなど「地球生態系」に不気味な変化が起こっている。

２０１３年の夏には東京で３５度以上の猛暑日が１３日、２５度以上の熱帯夜が５６日にもおよび熱中症による死亡者が１７１８名に達した。また、２０１３年8月中旬の平均気温は、全国的に平年を2度以上上回り統計史上１位の暑さを記録した。同時期の西日本の降雨量は反対に平年の5％でこれも統計史上最少である。

また、同時期に高知県四万十市で国内観測史上最高の４１・0度を記録、北日本でも平年比プラス２・７度で観測史上１位になった。一方　伊豆大島では死者３６名、行方不明者3名を出す土石流が発生、局地的集中豪雨が１５都道府県で計７２４件も発生し人々を恐怖に落としめた。この間、全国各地で突風、竜巻が多発し甚大な被害をもたらすなど気象の異常性が顕著になっている。

さらに、２０１４年2月日本列島は2度にわたって大雪に見舞われ、東日本を中心に大きな被害をもたらした。8月には西日本を中心にまるまる１か月間豪雨が続くという観測史上例のない悪天候が襲い、広島市では土砂災害が発生して７４名の尊い命が奪われるという大惨事が8月２１日の深夜に発生している。

詳細は後述するが一体なぜこのような気象異変が続発するのだろうか。勿論、このような現象はわが国だけではなく全世界で起こっている。例えば、２０１１年１０月アメリカ東部では５８年ぶりに雪が降り、タイでは国土の3分の１が豪雨で水没し日本の進出企業が長期間生産活動停止に追い込まれるなど、年々被害の拡大が続いている。このような気候変動はいまや大きな社会不安のひとつになっている。

　では、なぜこのような異常気象が発生するようになったのかだ。その最大要因は「地球温暖化」にある、といわれる。その主たる温暖化要因は自然的なものと、人為的なものに分けられるが、現在では産業革命以降の化石燃料の使用量増大にともなう空気中の二酸化炭素（CO_2）の増大が主因と断定されている。

　とくに、自動車や工場、火力発電所に加えて新興国の１人当りの化石燃料利用の増加、もうひとつは世界人口の急増が加わり、このまま推移すると２０３０年代には人類環境負荷は地球２個分に拡大するといわれる。言い換えれば、地球の利用限界を遥かに越え、地球の生態系に異変が生じ始めているというのである。

　石油や石炭を沢山燃やすと、熱を吸収する性格のある二酸化炭素やメタンなどのいわゆる「温室効果ガス」が増え、地球に余分な熱が溜まりやすくなる。つまり、大気中のCO_2濃度が高まると世界の平均気温が上昇し地球温暖化が進むという悪循環が生じる。

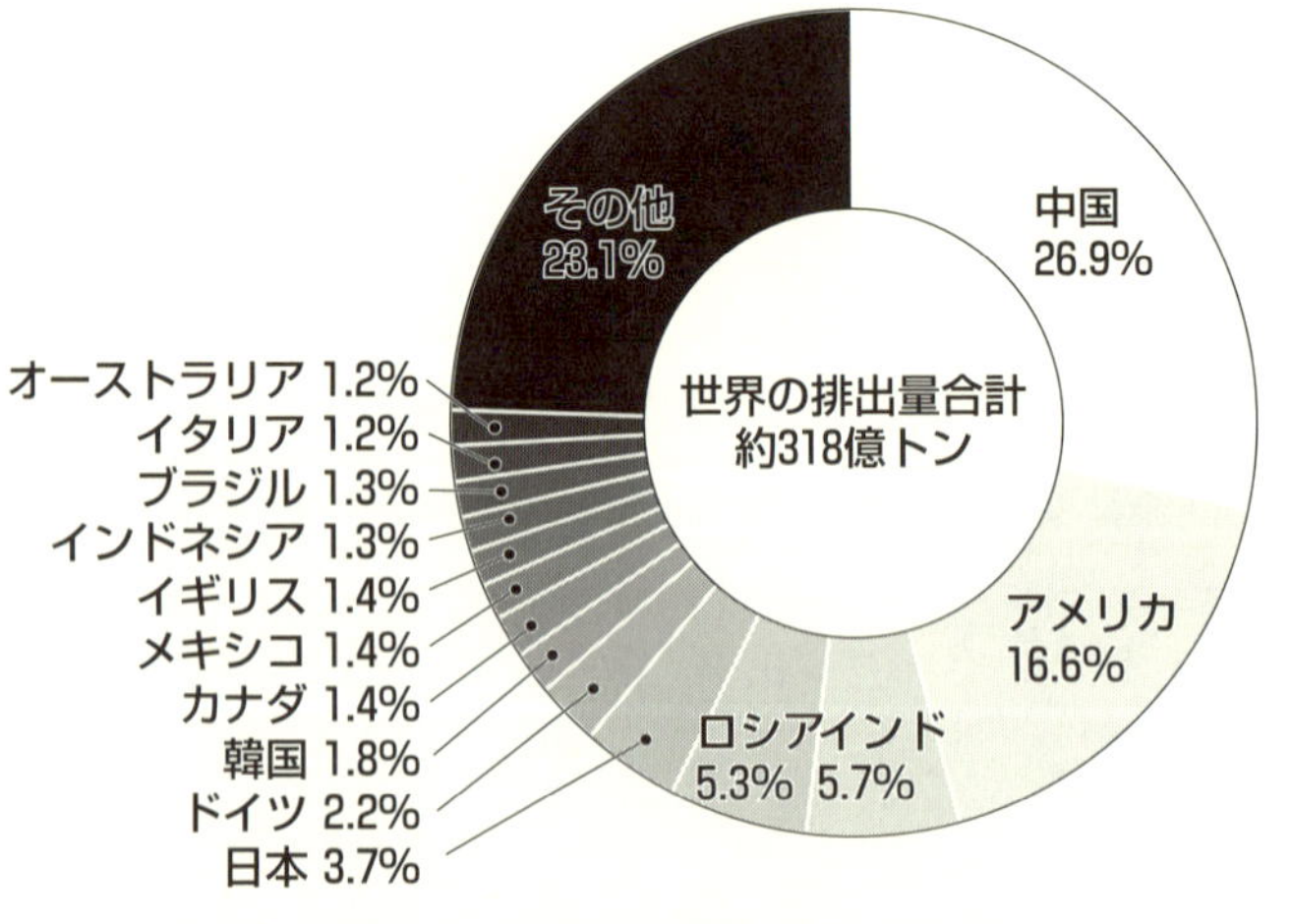

図11　世界の二酸化炭素排出量（2011年）

（出典）EDMC エネルギー

この結果、気候が不安定になり、食料生産や生活環境に重大な影響をもたらす。一方、北極海の氷が解け海面上昇を招くなどの問題も生み出す。すでに、南太平洋のツバルやインド洋のモルディブなどでは水没の危機に直面している。

また、ＣＯ２の削減対策を講じないと今世紀末までにさらに海面が８２センチ上昇し、世界の大半の地域で熱波や豪雨が増える可能性が高いという。さらに、海面が８２センチ上昇すると日本列島に存在する砂浜のおよそ９０％が消滅し、沿岸部居住者の多くが移住を余儀なくする。

だが、最も深刻な問題はＣＯ２の排出量をどう減らすかである。この達成には各国の協調が絶対的条件になるのだが、最大のＣＯ２排出国であるアメリカ、中国、インドなどの参加が得られていない。

とくに、中国やインドは「温暖化は先進国に責任がある。新興国が排出量を減らして経済が発展しなくなるのは不公平だ」と主張して譲らない。その結果、中国、インドは深刻な大気汚染「ＰＭ２・５」に苦しんでいるのはご承知のとおりだが、このまま推移すれば状況はさらに悪化し人間に限らず「生存環境」は極限に達するだろうと専門家は警告する。

国連気候変動枠組み条約締結国会議（ＣＯＰ）は、第１８回ドーハ会議で地球温暖化の現状と予測を最新のデータでまとめ公表した。それによると、各国が温室効果ガス削減の目標をすべて達成したとしても世界の平均気温は、１８世紀後半の産業革命に始まる「工業化」の前に比べ２１００年までに「４度を越える」上昇があり得るとし、早ければ２０６０年代にもやってくると述べた。

とくに、地中海や中東、アメリカでは６度かそれ以上上昇すると指摘した。すでに、ロシアでは２０１０年の熱波で５万５０００人が死亡、１５０億ドルの経済損失を被っている。

このように、徐々にではあるが確実に地球の生態系は狂い始めている。人類自らの行いによって自らの首を締めるが如き事態を招いていることに目覚め、石炭、石油に依存する化石エネルギーの削減に努力しないと、経済発展どころか生存すら危ぶまれる状況に追い込まれる。

中国やインドがあのPM2・5に汚染され昼なお暗くヘッドライトをつけなければ車が走れず、人々は先を争って防毒マスクの買い求めに走る、あの異様な光景を見ればその日が近いことを悟らずにはおれない筈だ。

かつて、鳩山元首相は国連気候変動サミットで、温室効果ガスを「2020年までに1990年比で25パーセント削減する」と世界に宣言した。この野心的な姿勢は海外から高く評価されたが水泡に帰した。そのような数字遊びよりも、一日も早くガソリンに頼る自動車を効率の良い電気や水素エネルギーに転換することである。工場もCO2を吸収し無排出にする新技術を開発し、CO2ゼロ国家を目指す必要がある。

COP17で議長を努めた南アフリカの国際関係相は「地球の破局を避けるためにさらなる取り組みに挑戦する必要がある」と述べたが、この言葉の重みをしっかりと受けとめ「子供たちの未来のために」全世界が一丸となり、日本がその中心になってこそわが国の存在感と重要性が再認識されるではないだろうか。

わが国も「対岸の火事」で済まされない厳しい温暖化の荒波にさらされ始めている。経済再生も重要なテーマだが、気候変動に伴う国民の不安と損失をいかに最小限に留めるかも国家の存亡にかかわる重要課題である。

亜熱帯化進む日本列島

2014年6月6日環境省は、温室効果ガスの排出が今のペースで増え続けると2080年頃の東京で3

０度以上の真夏日が５０日増え、現在の４８・５日から１００日程度になるとの予測を発表した。那覇市は１年の半分に倍増し現状８日の札幌市でも１ヶ月強が真夏日になるという。

平均気温は４・４度上昇、東京は現在の１６度から奄美大島並みの２０度程度に上昇し「亜熱帯化」する見込みであるとも付け加えている。ただし、各国が協調して温室効果ガスの削減に成功した場合、気温上昇は１・１度に留まるとしているが、現状ではほとんど期待できないと考えていいのではないだろうか。

結局のところ、東京はいずれ亜熱帯地域とされている沖縄、奄美群島、東京都小笠原諸島並みの気候になってしまうだろう。

仮に、そのような亜熱帯に変化するときは当然ながら世界全体の生態系が激変し、わが国の四季にも大きな変化が生じる。夏場は３５度以上の猛暑日が増え４０度以上の酷暑日が当たり前になり、熱中症で亡くなる人が増え熱帯地方のようなスコール、いわゆる局地的集中豪雨が激増するといわれる。すでにその兆候は全国各地で起こっており、梅雨の季節であるにもかかわらず梅雨らしさは完全に薄れている。

梅雨独特のシトシト感は消え、５０年に一度、あるいは観測史上初といった局地的集中豪雨やヒョウが降る、かつてなかった現象が全国各地で発生している。

また、道路が冠水したり床上浸水、崖崩れ、土石流はいうに及ばず穏やかだった河川が突然濁流になって街や地域を襲うといった被害も激増している。

このような洪水による被害額がやがて数倍に膨らみ、地球温暖化の影響と思われる自然災害は農林漁業に留まらず、人々の生活や健康に多大の影響をもたらすであろうことは最早国民の誰もが実感しはじめている。

夏はより暑く長くなり、冬は豪雪に埋没し人も車も動きがとれない日々が続く。秋は短くなり夏から冬への移り変わりが早まり、紅葉の色づきも鮮やかさを失い始めている。

これからの日本は「美しい四季」の移り変わりを楽しむ時代から、狂い始めた気象に翻弄されいつ襲って来るかもしれない自然災害の恐怖と戦いながら、生き長らえていく時代に変化していくのかも知れない。

それもまた、経済成長に不可欠な化石エネルギーの消費量と相乗して起こっている温暖化という人為的行為の代償であり、「地球の怒り」であることを忘れてはならない。

ともあれ気温の上昇がもたらす影響は、生態系や気象に限らずやがて食料生産危機を招き大規模な移住や紛争、貧困といった深刻な問題を引き起こすと専門家は指摘する。

横浜市で開かれたＩＰＣＣ会議の議長は温暖化について「地球上に影響を受けない人はいない。もし何も手を打たなければ影響はより拡大する。臨界点を越えたら二度と本来の地球環境は取り戻せない」と警鐘を鳴らした。

その上で次のようなリスク項目を列挙している。

①　都市部での洪水被害
②　都市部での熱波による死亡や疾病
③　干ばつによる食糧不安
④　水資源不足と農業生産の減少
⑤　海洋生態の変化
⑥　陸上生態系の喪失

これらのリスク項目はすでにわが国のいたるところで起こりつつある事象といっていいだろう。

とくに、海水温や海流の変化によって今まで獲れていた魚が急に獲れなくなる。あるいは九州で獲れた魚が関東で、関東で獲れたものが三陸沖でというように年々変化の兆しが強まっている。

最も顕著な変化は、東京湾にサンゴや熱帯魚が生息している事実である。温度に敏感な海洋生物たちの動向を見れば僅かながらも確実に生態系が変化していることに気づく。

そして、日本列島は四季の時代から三季の時代に変化し、夏は限りなく高温になって高齢者や子供たちにより厳しい環境になるかも知れない。冬は豪雪に襲われて流通がストップし集落や街の孤立が増える。これが集落や地方の街の生活行動に悪影響を及ぼし、地域の消滅を早める要因のひとつになる可能性がある。

すでに、陸上の生態系にも顕著な変化が現れている。これまで述べてきた温暖化に起因すると思われる気象の変化に加えて、昆虫の世界にも明らかな現象がみられるからである。例えば、関東南部が北限といわれたクマゼミが今では関東北部や北陸にまで生息域を広げているからだ。

このような状況に対して環境省は世紀末に予想される温暖化被害と軽減策の例を次表のように公表した。

被害		対策例
洪水被害	最大で年間４８０９億円増加	・河川護岸の補強、治水対策 ・早期警戒システムの導入
高潮被害	最大で年間４８０９億円増加	
コメの生産	品質の低下、栽培に適さない地域が拡大	・暑さに強い品種の開発 ・田植え時期の変更
熱中症	救急搬送者がほぼ全県倍増	・熱波警戒システム ・緑地や街路樹の整備

感染症	病気を媒介する蚊の分布がほぼ全国に	・蚊が発生しやすい環境の除去 ・ワクチン摂取

激増する気象災害

これまで述べてきた通り、自動車やあらゆる生産工場は石油、天然ガス、石炭をエネルギー源としている。したがって大気中の二酸化炭素やメタンも比例的に増え続けている。これらの物質は熱を吸収する性質があるため「温室効果ガス」と呼んでいるが、化石燃料をエネルギー源として使用する限り地球に余分な熱が留まり暖かくなり続ける。

この現象を「地球温暖化」と呼んでいるが、この温暖化が地球の生態系を狂わせ様々な悪影響をもたらす元凶になっている。大気中のＣＯ２濃度は季節により変動するが、１８世紀半ばの産業革命前に比べると近年では１・４倍に増え、世界の平均気温はこの間に０・８５度上昇した。

１度にも満たない数字だがこれが異常気象を引き起こす原因になっているのである。

以下にその現象を述べる。

①　気温４０度時代の到来

２０１３年8月１２日、高知県四万十市で史上最高の４１・０度を観測したのは先にも述べたが、１０日には４０・７度、１１日には４０・４度を記録、３日連続で４０度以上となった。

だが、同日に全国９２７観測地点のうち２９７地点で３５度を越え、７地点で４０度以上を観測するという記録的な猛暑日になった。

真夏の猛暑で有名な埼玉県熊谷市と岐阜県多治見市ですでに40・9度を記録しており、わが国は明らかに40度時代に突入したと言っても過言ではない。

さらに、都市部ではアスファルト舗装に加えて、樹木や耕地の減少、人口密集と産業活動による排熱の増加、コンクリート建物の増加や通風の変化等による「ヒートアイランド現象」で高温化に拍車がかかっている。

この気象変化に伴って熱中症患者が急増、地方自治体の間では冷房の効いた公共施設を住民に開放する「クールシェア」の動きも広がった。

とくに、高齢者などの弱者にとっては生存環境が厳しくなるばかりである。

これは世界的な現象だが、これ以上深刻化しないよう排ガス対策に全力を挙げなければならない。

② ゲリラ豪雨が列島を襲う

大陸から流れ込んだ寒気の影響で大気状態が不安定になり、局地的に大雨が降るいわゆる「ゲリラ豪雨」が急増し、各地でひょうを伴う集中豪雨が襲い大きな被害が続発している。

2014年6月24日には東京三鷹市で親指大のひょうが降り、窓ガラスを始め植木や農作物や車などに被害を与え、雨水に混じって一部で30センチにも及ぶ大量のひょうが道路を埋め尽くした。人的被害がなかったのが不幸中の幸いだったが、より巨大なひょうの場合あらゆる屋外物を破壊し尽くす恐ろしさを有している。

このように、ゲリラ豪雨やひょうを降らす積乱雲（スーパーセル）の急速な発達は、2000年代に入ってから急速に増え始めている。これも温暖化に伴う気象異変の一端なのだが、積乱雲の発生場所を事前に予測するのは難しいという。

それほどに積乱雲の発生が多くまさに神出鬼没の感があって、ゲリラ豪雨の回数もうなぎ昇りに増えている。降雨量も1時間に50~100ミリに達し、道路の冠水はおろかあっというまに街が水に浸かったり、土砂災害が発生して人命や家財を奪っていく。

これらのゲリラ豪雨は10キロ四方の狭い範囲で起きるケースが多く、川が急に増水して河原で遊んでいた人たちが流れに呑み込まれる、自宅の地下車庫で溺死するなどの痛ましい事故も起こっている。また、鉄道下などのアンダーパスで車ごと溜り水に嵌って命を落とすケースも発生するなど、異常気象は年々拡大の様相を見せている。

③　突然襲う突風、竜巻の恐怖

このところ毎年列島のどこかで突風や竜巻が発生、新聞、テレビで大きく報道される場面が増えた。そのメカニズムは完全には解明されていないが、上空と地上の温度差が大きい時に発生する積乱雲がベースになり、さまざまな要因で上昇気流が強い回転渦になる。そして、「突風」になり「竜巻」に発展する。

その竜巻もアメリカ中部のような広大な平野で発生するものと、日本のような山岳国家ではスケールの違いはあるが、2000年の豊橋市における竜巻発生以来全国各地で頻発するようになり、年々規模も被害も拡大する勢いを見せている。

豊橋市では死者ゼロ、負傷者415人、全半壊家屋349棟、被害域長が18キロにおよんで藤田スケール（別表参照）ではF3だった。だが2006年11月に北海道佐呂間町の竜巻では死者9人負傷者31人、全半壊建物１４棟で被害域長は１・４キロ、藤田スケールでは豊橋市同様Ｆ３だった。北海道東部では竜巻被害が報告されていなかっただけに、地域のみならず全国に衝撃を与えた一件になった。

そして、２０１２年5月茨城県つくば市から栃木県にかけて発生した竜巻では、２００戸以上の建物が崩壊、停電も2万戸に及び、木造2階建ての住宅をコンクリート基礎ごと吹き飛ばすという竜巻の凄まじさを見せつけた。在宅中の中学生が犠牲になったこの竜巻は後に過去最大級と認定された。

さらに、２０１３年9月埼玉県越谷市で発生した竜巻は千葉県北西部にかけて多くの家屋を破壊し、北陽中の生徒１５人が負傷している。

アメリカのトルネード（巨大竜巻）に比べれば遥かに小さく数も少ないが、気流を邪魔するものがなくて大規模な暖気を発生させやすい広大な平地ならどこでも突然に発生し、マイホームや命を奪い去る極めて凶暴でやっかいな自然現象である。

これまでも毎年複数発生しているが、今後ますます増加する傾向にあると専門家は注意を呼びかける。

突風、竜巻からの決め手は窓だ。危険を感じたら窓ガラスが破られないよう雨戸かシャッターを閉め堅牢な建物に避難する。または窓ガラスから離れお風呂場やトイレなどの比較的頑丈なところに毛布や布団などをかぶってこもり、通りすぎるのをひたすら待つ。

この突風や竜巻の発生も温暖化の進行や、海面温度の上昇によるものなど、ゲリラ豪雨に似た気象条件によるものと考えられる。

以下に藤田スケール（竜巻など局地的な強風の強さの尺度）の概要を述べる。

スケール　m／s		状　況
F0	風速17～32（15秒間の平均）	・テレビアンテナや小枝が倒れたり折れたりする程度
F1	風速33～49（10秒間の平均）	・屋根瓦が飛びガラス窓が割れる ・強い木の幹が折れたりする ・走っている自動車が道から吹き落とされる
F2	風速50～69（10秒間の平均）	・住宅の屋根がはぎとられたり倒壊する ・大木が倒れたりねじ切られる ・自動車が吹き飛ばされたり列車が脱線する
F3	風速70～92（5秒間の平均）	・住宅は倒壊、非住宅もバラバラに飛散する ・自動車が飛ばされる ・森林の大木も倒れるか引き抜かれる
F4	風速93～116（4秒間の平均）	・住宅はバラバラになって吹き飛ばされる ・列車、自動車が吹き飛ばされる ・1トン以上の物体が降ってくれる
F5	風速117～142（3秒間の平均）	・すべてが跡形もなく吹き飛ばされる ・自動車、列車も遠くまで飛ばされる ・数トンもある物体が降ってくる

④ 増える爆弾低気圧の猛威

2012年4月、日本列島を襲った低気圧について初めて「爆弾低気圧」という表現が使われた。一般的には「急速に発達した低気圧、猛烈に発達した低気圧」あるいは「台風並みに発達した低気圧」と表現していたのだが、インパクトが弱いことから「爆弾」という言葉に置き換えられた経緯がある。したがって正式な呼称ではないが、昨今のゲリラ豪雨のように尋常でない大雨や大雪、強風を伴い台風並みの猛威をふるうケースが激増している。また、列島の南岸沿いに発生する温帯低気圧が、関東以北に大雪をもたらす回数が増える傾向にある。

一方、日本海側でも低気圧が急発達し暴風雨や大雪をもたらす被害が急増している。中でも2014年2月の関東甲信と東北、そして、12月の北陸、北日本、徳島県などに記録的大雪をもたらした低気圧は、同地域を完全に麻痺させ、大きな被害をもたらした。

最初の大雪では新東名高速が2月8日の真夜中から丸2日間通行止めに、14日からの大雪では裾野インター付近の上下線で最大50キロもの車列が30時間以上立ち往生、大動脈はストップした。

一方、東日本では11都県50市町村231地区で少なくとも1万8700人が孤立、5日間以上孤立した地区は41市町村に及び、山間部だけでなく都市部でも孤立が続いたのである。

東京都内でも13年ぶりの大雪、千葉市では33センチの積雪を記録、中でも大混乱に陥ったのは山梨県甲府市一帯で114センチに達し、積雪に対応が追いつかず自衛隊に出動要請した。ついで群馬県、埼玉県、長野県、静岡県、東京都、宮城県などが相次いで要請するという近来にない事態となった。

その多くは、生活道路の除雪と孤立集落への食糧配送、そして、ヘリによる救出活動などである。孤立集落の多くは50パーセント以上が高齢者で、今後に大きな課題を残す結果となった。そして、もうひとつの課題は大雪に耐えられず屋根が崩落するといった事故が続出したことである。

さらに、大雪の被害は幹線道路を中心に2000台を越えるトラック等の車両が空前の72時間も立ち往生したことである。除雪車等が皆無だったためだ。

これも温暖化に伴う爆弾低気圧の仕業と考えていいだろう。今後このような雪害は毎年起こると考え、万全の準備を急ぐ必要がある。残念ながら、この大雪による死者は24人、負傷者は596人に上った。また、農畜産物や関連施設の被害総額は農業用ビニールハウスの倒壊など埼玉県だけで230億、1都6県のトータルで481億と見積もられたが、人的損失は別として建物破損、自衛隊の出動費などを加えれば優に1000億を越える損害があったと推測される。さらに、長野1県だけでも温泉観光客のキャンセルが5万人を超えた。

だが、交通網の寸断によって本当に困ったのは流通面や食糧だけではなく、医療施設や薬に頼らなければ生きていけない人たちの存在である。雪に埋もれて不安な日々を過ごした多くの傷病者、高齢者などの生活弱者を早め早めに避難させる体制の強化を図ると共に、除雪についても万全の体制を敷き再び混乱が起きないようにしなければならない。

⑤　スーパー台風がやってくる

毎年夏から秋にかけて日本列島は台風に襲われその都度暴風雨にさらされる。そして、洪水、高潮、高波、豪雨、土砂災害を引き起こし、建物を押し流し、多くの生命財産を奪い去る。

日本列島に大きな被害と恐怖をもたらす台風は、これまでにも数限りなく襲来し大災害を引き起こしている。中でも利根川上流域で300ミリ以上の雨量を記録し、利根川と荒川の堤防が決壊、多くの家屋が浸水し1077人の死者と浸水家屋38万500棟を出した昭和22年のカスリーン台風、また、当時の青函連絡船洞爺丸ら5隻が遭難、死者1361人、岩内町で300棟の大火を伴った昭和29年の洞爺丸台風、そして、空前の巨大台風といわれ死者5098人、家屋全半壊実に15万4000棟を出した伊勢湾台風、さらには、兵庫県豊岡市一帯を水没させ西日本に多大の土砂災害をもたらした平成16年の23号台風などが歴史に残っている。

そして、温暖化現象の典型ともいうべき集中豪雨が平成25年10月、伊豆大島を襲った。三原山噴火で流れ落ちた溶岩の上に積もった火山灰や土砂が大雨によって崩れ、元町神立地区の大金沢流域1・3平方キロに土石流となって流れ落ちたのである。

その量21万2300立方メートル（50メートルプール85杯分）、この崩落により39名の死者不明者を出し今もって3名の行方がわかっていないのだが、雨が降るたびに再び崩落の危険性があるとして警戒が続いている。そして、平成26年に74名の犠牲者を出した広島市の土石流災害である。

これまでにも土石流が川を堰止めたり、高齢者の養護施設を襲ったり、集落を壊滅させたりという災害は数多く発生している。このような豪雨について気象庁気象研究所は10分間で15ミリ（1時間あたり90ミリ前後）以上の猛烈な雨の降る日が1981年から2010年の30年間で47パーセント増えたという。

海水温の上昇が短時間に強い雨を降らせる大きな要因になっているというのだ。

さらに、名古屋大学、海洋研究開発機構、気象研究所は風速70メートル近い「スーパー台風」について、先に述べた台風以上のエネルギーを有する巨大台風が60〜70年後には約4倍に増えると予測している。

平均気温と海水温の上昇が3度以上という条件だが、徐々に強い勢力を保ったまま上陸する可能性が高まるという結果になっており、沖縄、九州、四国方面は勿論のこと日本列島全体の防災体制強化に強い警告を発した内容になっている。

スーパー台風は風雨だけでなく通常の潮位よりも異常に海面が上昇する「高潮」を引き連れてくる。これまでも高潮被害はあったがその比ではないという。とくに、湾の奥に立地する東京、大阪、名古屋など大都市臨海ゼロメートル地帯がとくに危険性が高いという。
地震、津波に加えて高潮をプラスした総合対策が必要になったといっていいだろう。
以下に雨の降り方と強さの関係を示す。

1時間当り雨量	予報用語	イメージ	人への影響	災害発生状況
１０以上～２０未満	やや強い雨	ザーザー降る	跳ね返る	長く続く時は注意
２０以上～３０未満	強い雨	どしゃ降り	傘もさしても濡れる	側溝が溢れ、小規模のがけ崩れあり
３０以上～５０未満	激しい雨	バケツをひっくり返したような雨	傘もさしても濡れる	山崩れがけ崩れが起きる
５０以上～８０未満	非常に激しい雨	滝のような雨	傘は役に立たない	地下室、地下街に雨水が流れ込む
８０以上	猛烈な雨	息苦しくなるような恐怖感	傘は役に立たない	大規模災害発生の恐れが強い

⑥　深刻化する大気汚染　ＰＭ２・５

地球温暖化の最大の要因とされる二酸化炭素の排出をいかに減らすか、日本を含む条約締約国会議（ＣＯＰ）での話し合いは最大の排出国であるアメリカ、中国、インドの不参加で一向にまとまる気配はない。

ＣＯ２の削減は地球の生態系を維持し、これ以上の気象異変を進行させないために実行しなければならない最低限の条件なのだが、各国の利害、とりわけ先進国と中国、インドなどの新興国との思惑の違いが表面化しＣＯ２削減は事実上決裂したままだ。

だが、今や超大国化したこの両国は、発がん性のある微小粒子物質ＰＭ２・５に悩まされている。かつてのわが国の光化学スモッグに近似したものだが、この大気汚染物質は偏西風にのってわが国にも流れてくるやっかいもので防ぎようがないのが現状である。

ＰＭ２・５が生み出す弊害のひとつは健康被害、もうひとつは地球の生態系を狂わせ異常気象を引き起こす物質の排出である。中国やインドでは経済急成長の負の側面として大気汚染が深刻化しているが、その主因は石炭消費量と自動車の急増にあるといっていいだろう。

石灰はコストの高い石油に代わって工場や家庭の暖房に使われる量が増え、世界の石炭消費量（３７・３億トン）の実に５０・２パーセント（１８・７３億トン）を中国１国で消費している。

急激な都市開発や経済成長政策の結果、環境対策は後手に回り、排ガス汚染が急速に進んで今では呼吸器系疾患患者の急増という型で大きな代償を払う羽目に陥っている。

一方、中国政府はロシアから天然ガスを輸入しＰＭ２・５の大幅引き下げを計画しているが、中国全土でそう大きな効果が上るとは思えない。

このような大気汚染が結果として地球温暖化の大きな因子になり、世界各国が豪雨、豪雪、洪水などの気象変動に苦しんだり、子供たちの未来に不安が募ったりを繰り返し、次第に抜き差しならぬ状況に追い込まれている。

グローバル環境を無視し、経済成長に熱をあげる為政者イメージが定着し、「負の遺産」を先送りしているうちに手痛いしっぺ返しを受ける羽目に陥らないことを祈るのみである。

⑦　世界人口急増が温暖化を早める

２０１１年１０月３１日世界人口は７０億に達した。人口の爆発的増加はサハラ砂漠以南のアフリカが中心で２０００年の６億７０００万人から２０１１年末で８億６０００万人に２８パーセント増加、２０５０年にはおよそ２０億人と２倍以上になる見込みである。

２０１５年時点で、人口の３６パーセントが日収１ドル未満、人口増と貧困の悪環境からの脱却が大きな課題になっている。

さらに、２０５０年には９６億人になりインドが１７億人超えでトップに立つ。日本はすでに人口減少に突入、中国は２０３０年頃から減少に転じるが世界人口は増え続ける。

では、人口が増え続けると何が問題になるのかだ。世界自然保護基金（ＷＷＦ）の発表した試算によれば、人類はすでに「地球１・５個分の食糧や資源を消費しながら暮らし続けている」という。

つまり、定員オーバー状態にあるため人類の環境負荷は２０３０年時で地球２個分に拡大し、地球の生態系により大きな変化を生じさせる。

つまり、「地球環境の劣化」である。まず、人口増に対応する食糧増産と燃料確保のための森林伐採が進み、アフリカの母なる川アマゾン流域の熱帯雨林も今世紀期末には消滅し、地球の生態系に決定的な打撃を与える可能性が高いという。

もうひとつは、人口増に伴う化石燃料の消費量増大による地球温暖化ガス（ＣＯ２）のさらなる増加である。これが地球温暖化を促進し異常気象を引き起こす大きな要因になる。日本からみれば地球の裏側だが、地球はひとつ、自然資源の使い過ぎが気候を狂わせ、生態系を破壊し、人類を含む動植物の生存環境が破綻に追い込まれる。

すでに、その兆候がわれわれの身の周りで起こっていることに気づかなければならない。そして、自然環境に対する科学技術の介入にもおのずと限界があることを悟らなければならない。その上で、「ＣＯ２の排出をいかにして減らすか」も真剣に考えなければならない時期にさしかかっている

低炭素社会の実現を急げ

地球温暖化がこのまま進むと今世紀末には南極のコウテイペンギンが2割ほど減り、絶滅危惧種になる恐れがある、とアメリカのウッズホール海洋研究所が発表した。だが、絶滅危惧種になるのはペンギンだけだろうか、もっと多くの動植物がこの地球上から消えて行くのではないか、その中に人類が含まれないという保証はないのである。

それ程までに温暖化は地球環境を破壊し生態系を狂わせ異常気象を引き起こしつつあるのだ。「このまま手をこまねいていると地球環境は取り返しがつかない程に悪化する」と多くの科学者は警告するが、先にも述べたように「目先の政策」にしか頭の働かない政治家にはその重要性が理解できないようだ。

とくに、ＰＭ２・５に汚染され昼間でも１００メートル先がかすみ、車はヘッドライトをつけ、人々は特殊マスクで防護しなければ歩けない北京や上海の街になっても、地球温暖化防止条約への参加すら拒む超大国中国、そして、アメリカやインドには地球生命体の生存にかかわる問題である、という認識がどれ程あるのかである。

この地球生態系の急変は「母なる地球」の悲痛な叫びである。コントロール不能状態になりつつあることへの警告と受け止め、無公害エネルギーへの転換を急がなければならないのだが、「先進国の責任だ、率先

してＣＯ２削減を実践せよ」と主張して譲らない新興国、途上国と先進各国との対立はエンドレス化した感がある。

要は、総力をあげて無公害エネルギーへの転換を促進する以外にないのだが、太陽光（ソーラー）、地熱、風力などの発電は勿論、天然ガスやシェールガスなどの導入により徐々に化石燃料を減らす努力を認め合うことが重要なのだ。

その上で全世界の自動車、船舶を電気、水素などの無公害エネルギーに転換していくことである。わが国は科学技術立国としてオールジャパンで研究開発に取り組み、世界をリードする。いま、それ以上の国際貢献はないと信じて止まないし、それが、結果として子供たちの未来に光を灯し深刻化する異常気象にストップをかけることになる。わが国にとってもこれ以上の国家的成果はないと思う。

第3章　原発事故の恐怖

崩れた「原発安全神話」

２０１１年３月１１日、三陸沖を震源とするマグニチュード９の巨大地震が発生、震度６強の強い揺れが岩手、宮城、福島各県の太平洋岸各都市を襲った。

この地震で運転中だった福島第１原子力発電所の１～３号機の原子炉が自動緊急停止し原子炉の運転が停まった。これだけで終われば特段の問題はなかったのかも知れない。

だが、地震発生から４７分後に最大１５・５メートルもの津波が襲来、浸水によって非常用電源をはじめすべての電源を失ったのである。原子炉にある複数の冷却装置はすべて停止し、高温になった核燃料は水を蒸発させ、水位の低下によって「空だき状態」になった圧力容器の中で核燃料が溶け始めたのである。いわゆる「メルトダウン」だ。

これがため、消防車やヘリコプターなどで必死に注水作業を試みたのだがその効果はあまりなかったようだ。かくて格納容器内の圧力が高まりいつ破壊してもおかしくない状態になったため、原子炉内の蒸気を放出せざるを得なくなった。その際、同時に原子炉内の放射性物質も大量に大気中に放出されたのである。

その後、１号機建屋内で水素爆発が起き一時は原子炉そのものが爆発したとの情報が流れ、東日本全住民の避難を、という瀬戸際に追い込まれる寸前だったことが後に明らかになった。その後、２、３号機もあいついでメルトダウン、運転停止中だった４号機を除いて１号機と同じ最悪のシナリオを辿ったことはご承知の通りである。このような状況を招いた最大の要因は非常用電源が津波で壊滅し、原子炉内の冷却が不能になったことによるものと判明した。

かくて、密封性を失った原子炉から大量の放射性物質が大気中に放出された。放射性物質とは個体または液体のごく小さな粒子で風に乗って運ばれる極めて拡散性の高い物質である。

これが地域住民、福島全県民、北は岩手県から関東エリアまでの多くの住民に深刻な不安を与えた。中でも生活の基盤を奪われた原発近在の住民、風評被害に泣かされた農林漁業者をはじめとする多くの住民はベクレル、シーベルトに振り回されながら今日に至っている。そして、原発は備えるべき機能のすべてを失い、廃炉が決定し、今後４０年に及ぶ長く険しい作業が続く。

福島第一原発は、そもそも津波高６・１メートルの想定で作られた原発である。そこに１５・５メートルの津波が押し寄せたのだ。建物の地下に設置されていた非常用電源設備は浸水で機能を失った。

日本で原子力の安全管理を担っていた経産省の原子力安全・保安院とは一体何だったのか、原発を推進する経産省の身内が厳しい安全管理や規制を行うこと自体そもそも矛盾する話だったし、存在そのものが形骸化していたといってもいい。

要は「ちゃんと安全管理をしてますよ」というポーズをとりながら核の平和利用という名のもとに「それ行けどんどん」で原発建設を進めてきた。

地方は、原発という最大の国家的事業を受け入れることで「原発交付金」を受ける事ができた。気がつけばこの狭い日本列島に５４機もの原発が建設され、大多数の国民は何の疑いもなく事故前まで電化生活に浸っていた。

そして、現場はいま汚染水との格闘に明け暮れている。汚染水を海に垂れ流せば海洋汚染が進み漁業者の生活を圧迫する。そのため1日４００トンもの汚染水を貯蔵タンクに一旦貯め濾過しなければならないのだが追いつかず、貯蔵タンクはなお増え続けている。

そこで、原子炉の建屋を氷の壁で囲い地下水の流入を防ぐ「凍土壁」を決断した。１メートル間隔で地下深くに埋め込んだ管にマイナス３０度の冷却剤を入れ土を凍らせる。これで原子炉周囲１・４キロを囲み汚染水をシャットアウトする計画だったのだが、計画通りにいかなかった。そして、原子炉構造材や制御棒と共に溶け落ちた「デブリ」の取り出しと完全廃炉完了までの数十年間、このようなリスクとの闘いが続くのである。

まだまだ続く「危険と危機」

原発に対する世間の評価は全廃か再稼働かという方向に大きく流れ、福島原発事故そのものに対する国民の関心は薄れつつあるように見える。だが、廃炉に向けた道のりは果てしなく遠く長い。

東京電力の工程表によればおよそ４０年、メルトダウン（炉心溶融）した核燃料「デブリ」は原子炉内でどうなっているのかいまだ不明である。これをどのような手段と方法で取り出すのかも未知の分野である。アメリカのスリーマイル島原発2号機の事故では幸いにもデブリが圧力容器内にとどまっていたため、遠隔操作ロボットで削り取ることに成功した。だが、それでも事故から１１年もの時間を要している。

また、旧ソ連邦（現ウクライナ）のチェルノブイリ原発事故ではメルトダウンの直後、原子炉建屋が炎上したため「デブリ」の回収が困難になり、最低限の防護方法として原子炉建屋全体をシェルターで閉じ込めたのだ。つまり、建物ごとコンクリートで囲い核燃料をそのまま残す方法をとったのである。

いわゆる「石棺」方式だ。したがって、燃料デブリはそのまま残されている。だが、雨もりした水が放射性物質にふれ汚染水となって流れ出すため、さらに、石棺そのものを覆うアーチ型の屋根をつける作業を行った。

だが、核燃料デブリが建物内に残っている限り安全とは言えないのである。コンクリートはいずれ老化し崩壊するが「デブリ」は数万年先まで強力な放射線を出し続けるからだ。

では、福島第一原発の場合はどうだろうか、現時点ではスリーマイル島原発事故同様格納容器内に水を満たす「冠水工法」を選ぶことになるだろう。だが、水もれを起こしているので水もれの位置を特定し補修しなければならない。その上で「デブリ」をどう取り出すかが最大の課題になる。

どちらにしても核燃料「デブリ」の取り出し作業に２５年かかると見込んでいる。その間に何が起こるかわからない。それが原発事故処理の恐ろしさなのである。

「デブリ」の取り出しはまったくの未知の分野、溶岩のように固まった「デブリ」を遠隔操作ロボットで切断し、ミリ単位の操作でデブリを切り出さなければならない。しかも取り残しは許されないのである。この神業に近い危険な作業は延々と続く。

しかも、それ以前に「デブリ」がどのような状況になっているかを詳細に調べ上げなければならないのだが、その技術開発もこれからの研究に委ねられる。

まだまだ未解決課題が山積している。例えば、放射線の致死量は7～8シーベルトといわれるが、建屋内には1時間あたり5シーベルトにもなるエリアが存在しており、事前調査も除染もできないというのが現状である。

これら一連の作業は、すべて高い放射性物質に汚染された建屋内で行わなければならない。従って、一定の線量に達すればいかに優秀な技術者でもリタイアしなければならないという厳しさも存在している。極論すれば常に「死」と隣り合わせの作業といっても過言ではない。

いずれにしても、デブリという最悪の超危険物質を取り出し、完全な遮蔽容器に移し１００パーセント安全に管理できる地下空間に収める。その後に放射性物質に汚染された建屋、機器、コンクリート片などのすべてを解体することになるが、いずれにしても安全が確認されるまで油断はできない。

廃炉作業完全完了までの４０年間は極めて高リスク期間になるだろう。その理由は、再び大地震に襲われて原発が炎上しないという保証はないし、デブリ取り出し課程で大事故が起きないという保証もないからである。

行き場のない「使用済み核燃料」

２０１１年4月１２日、政府は「国際原子力事故評価」をレベル７に引き上げ、チェルノブイリと同等の認定をした。だが、放射性物質の飛散状況開示をめぐって政府の隠蔽体質が際立ったのもこの時期である。１１３億もの巨費を投じた「緊急時迅速放射能予測ネットワークシステム（ＳＰＥＥＤＩ）の開示は１ヶ月半後の4月２６日だった。

その間に、炉心が溶融し大量の放射性物質が空間に拡散するという深刻な事態を招いたのである。このように、一旦原発事故が起きると「目に見えない悪魔」となって人々に襲いかかる。にもかかわらず我が国の必要電力の３２％を賄うまでに拡大していた原発、国民が高度成長という経済政策に惑わされ許容した結果がこの現状だったのだ。

その結果、「トイレのないマンション」と言われる大きな問題を引き起こしていることをご存知だろうか。いわゆる「核のゴミ」といわれる使用済核燃料（放射性廃棄物）の処分先がないのである。

日本では、使用済み核燃料を青森県の六ケ所村にある再処理工場に運んでウランやプルトニウムなど再利用できる元素を抽出し、その廃液を溶かしたガラスと混ぜて固める「ガラス固化体」にして廃棄するのだが、その処分場がないのである。

したがって、全国の原発に使用済核燃料がプール保管されているのだが、その量はガラス固化体（1本500キロ）換算で2万5000本、1万7200トンにも達する。

この高レベル放射性廃棄物を国内で受け入れる地域が果してあるだろうか。世界ではフィンランドで建設中の「オンカロ」1ヶ所といってもいい程の嫌われようだからである。

地下およそ500メートルの岩盤に広大な坑道を掘り、処分ピットと呼ばれる縦穴に1個ずつ入れられ、満杯になった後、坑道を埋め戻し完全密閉の上およそ10万年封印される。放射性廃棄物とはそれ程にやっかいかつ危険なものなのである。

地殻変動の激しい地震国日本列島での廃棄場建設は極めて困難である。だが、廃棄物の処分場がない限り使用済み核燃料は行き場のないまま各原発でプール保管されたままになる。この間に巨大地震が発生したらどうなるのだろうか。

これが処分場を考えずに原発を造り続けたツケなのだ。そして原発が再稼働すればさらに増え続け、超危険物が生活空間の至近に存在して生命を脅かし続ける。

これが「トイレのないマンション」論の根拠である。小泉元首相が原発即時廃止を訴えた背景にはこの問題が存在している。これ以上高レベル放射性廃棄物、いわゆる「核のゴミ」を増やして次世代の子供たちに危険なツケ送りをしていいのか、という考えに立っての行動なのだと思う。

現在、世界で休止中も含めおよそ430基前後の商用原発が存在するが、世界初の最終処分場は2022年に運用開始する「オンカロ」のみである。地下深くに閉じ込められたガラス固化体の放射能が天然ウラン鉱石並みになるのに数万年かかる。この途方もなく長い時間は人類の歴史にも匹敵する。「ウラン235」がいかにやっかいなものであるか改めて思い知らされる。

だが、それを除けば石油やLNGを燃料とする火力発電のように二酸化炭素（地球温暖化ガス）を排出しない。もうひとつは「ウラン235」1グラムで石油なら2000リットル、石炭なら3トンに相当する熱エネルギーを作り出すことができるというメリットがある。

世界の政官財人が集まるダボス会議の主催団体である「世界経済フォーラム」は、エネルギー政策の中で日本の脱原発の動きに対し安全性への信頼は崩れた、としながらも脱原発を拙速に進めると「化石燃料（石油、石炭）への依存が増し、エネルギー安全保障を危うくする」と指摘、原発は日本が多様なエネルギー源を維持する上で重要な役割を果たし続ける」とも促した。残念ながら、ヨーロッパ各国は地球温暖化阻止を理由に、原発政策を推進する方向に舵を切った。世界唯一の被爆国として、原子力に対するアレルギーの残る日本との違いは鮮明である。

とくに、原発エネルギーが80パーセントという世界最大の原発大国フランスは、その先頭に立っているといってもいいだろう。確かに火力発電だけに頼るわが国の現状はベストではない。CO2削減に関する京都議定書の議長国としての責任からだが、さりとて原発大国への逆戻りも許されない。

太陽光や風力、地熱発電はクリーンエネルギーとしてはベストだが、まだ必要量の数パーセントにも満たない。結果として夏場の節電は続くことになるのだが、たとえ耐震技術が優れていようとも、原子力規制委員会が技術やシステム的に問題なしと結論づけようとも、世界に冠たる地震・火山大国日本の地形と活断層だらけの地質にそぐわないことは明らかである。

したがって、クリーンエネルギーへの転換を前提に暫時原発を縮小する「脱原発、卒原発」を公約し、期限付きで「核のゴミ」の処分方針を決定することである。

国は、処分場選びや建設を担う「原子力発電環境整備機構」の人事を刷新し、２０１６年末までに約6平方キロに及ぶ広大な処分用地の選定に入ることを表明したが、この超危険物を数万年保管するという「核ゴミの墓場」を受け入れる自治体が容易に見つかるとは思えない。

これが「トイレのないマンション」を造り続けてきた結果なのである。

被災地「ふくしま」の悲劇

２０１４年7月、ふくしま原発から２０キロ離れた南相馬市の地で生育中の稲穂にセシウムが付着するという事態が起きた。このようなホットスポット現象が関東エリア内でもいまだに起こっている。

このように、大気や海洋に放出された放射性物質は放射線による被爆というリスクをもたらし、原発近隣地域を中心に広範なエリアを恐怖のドン底に貶めた。

ストロンチュームやプルトニウムは相対的に少なかったものの、最も多かったのはセシウム１３７、半減期が３０年というやっかいものである。

住み慣れた地を追われ、愛するペットや家畜を残し身ひとつで避難を余儀なくした地域住民の無念の思いは筆舌に尽くしがたい。さらに、職場を失った人々は県内外に職を求めて単身赴任したり、子供たちの健康被害を心配して移住を決断するなど、生活に苦悩する人々は今もって減る気配がない。

長引く避難生活の中、「古里に戻りたい」から「戻りたいが戻れない」にシフトする避難民が５０パーセントを越えるなど、除染作業が進んでいるにもかかわらず将来不安は高まるばかりである。とくに、帰還困難区域や居住制限区域に指定された原発近隣地域の皆さんの古里に対する思いは強くとも、原発再事故不安、ライフラインを始めとする生活基盤施設復旧の立ち遅れ、職場問題、放射線問題に加えてわが街の将来に対する不安、長期無人化に伴う生態系、居住環境の悪化、営農不安などが重なって苦悩の日々を過ごす人が増えている。

国も旧住民の全員帰還方針を改め、帰還しないことを決めた旧住民への新たな支援を決定した。これを受けて原子力損害賠償紛争審査会は、移住者への賠償金積み増しを柱とする追加指針を示したが、何はどうあれ原発事故さえ無かったらこのような苦渋を味わず暮らせていたのだから当然といえば当然のことである。

そして、前項でも述べたが原発事故現場には溶融した核燃料「デブリ」を、４０年の歳月をかけて取り出し、完全な形で処分し廃炉を完遂するという途方もなく遠く危険な作業が待ち受けている。

この間に、手に負えない程の大事故が起きないという保証はないのだ。チェルノブイリ原発事故現場では２６年以上経つも、今だに核燃料の取り出しができずに周囲２０キロ圏への居住、立入りが禁じられている。しかも福島第一原発には１～３号機にそれぞれ「デブリ」が存在している。

とても避難者の「帰還」などと呑気な話をしている場合ではないのである。汚染水との格闘が続き、除染作業で出た大量の放射性物質の中間仮置き場建設問題と最終処分場建設問題を抱えて、長い長い戦いは始まったばかりなのである。

そして、忘れられつつあるもうひとつの問題に「風評被害」がある。福島県は農産物の宝庫であり米作は勿論、桃、梨などの産地としても知られているが、一方では、多くの温泉地を有する観光リクレーションエリアでもある。だが、原発事故後に福島県民全体が受けた風評被害は筆舌に尽くしがたいものがある。

来県客数は激減し、農水産物の出荷は福島産と表示したあらゆる生産品が拒絶されるという異様な光景が全国で展開された。勿論、福島産のみならず関東全域の生産農家、水産業も同様の仕打ちを受けた。そのバッシング今も消えていない。

そして、２０１２年4月1日、食料品に対する放射能セシウムの新基準により従来の5分の１に厳格化され多くの出荷停止が相次いだ。卸値が震災前の半分以下になるという苦悩は限りなく続いている。

消費者の健康を守る上で止むを得ない決定ではあったが、生産者の高齢化に伴って多くの農家が廃業、休耕田は一気に拡大した。

一方、風評被害の影響をまともに受けた観光温泉地は多少改善はしたものの、この間多くの旅館、ホテル倒産が相次ぎリゾート・レクリエーションゾーンは、かつての賑わいを取り戻せず活力を失ったままの観光地も少なくない。

一方、長らく仮設住宅で辛い生活を強いられている人達や多くの被害者が、安全安心に暮らせる環境を一日も早く整えることが国と東電の大きな責務である。今、国と各電力会社は再稼働に向けて躍起になっているが。再び国民を欺いて安易な判断をしないようにして欲しいと思う。

「除染」で地域は再生するのか

福井県の大飯原発再稼働に関し、当時の経済産業大臣は「福島原発事故時のような地震、津波が襲来しても大事故には至らない」と述べ理解を求めた。

だが、福島原発事故処理に悪戦苦闘し、今持って被害者に大きな犠牲を強いている状況の中で、不穏当極まりない発言であったことは誰の目にも明らかである。

福島第一原発周辺では年間被爆線量に応じて、５０ミリシーベルト超のエリアを事故後6年は帰還できない「帰還困難区域（立入り禁止区域）」に、２０ミリシーベルト超５０ミリシーベルト未満で、将来の帰還を目指して除染を進める「居住制限区域」に、２０ミリシーベルト以下で早期帰還をめざす「避難指示解除準備区域」に再編した。だが、これら計画的避難指示区域からの避難者はおよそ8万５０００人、役場機能を他の市町に移している自治体のうち全町民の1万１０００人が避難している大熊町全町民のおよそ５０％は「戻らない」と回答するなど、日増しに古里への帰還を拒む避難民が増えている。

その理由の８０パーセントは「放射線量」に対する不安、７０パーセントが「原発の安全性への不安」である。大臣はこのような現地の状況をどう認識していたのだろうか。

除染作業が思うように進まず、帰還の見通しがつかないことで避難者の諦めの気持ちが強まり、最近では「戻らない」から「戻れない」に大きく変化している。

避難先で新しい職場が見つかりある程度生活再建が進むと、危険で確たる職場のない古里に戻る意識を薄れさせるのかも知れない。その背景には、子供たちの健康に対する将来不安、汚染水対策や廃炉作業の過程で再び大事故が起こる危険性、除染に対する不信、被爆線量を蓄積して測定できる個人線量計（ガラスバッジ）を首から下げての生活に嫌気をさしたということも影響しているのかも知れない。

環境省は、このような状況を改善するための切り札的事業として「除染」を進めているが、放射性物質は広範に及んでいる。8県１０4市町村を除染対象地域に指定し、うち福島第1原発から２０キロメートル圏内の警戒区域と年間の被爆線量が２０ミリシーベルを越えると推定された１１市町村について、放射性物質汚染対策特別措置法に基づく「除染特別地域」に指定、国の直轄事業として進めている。

「除染」とは長期的に国際放射線防護委員会（ＩＣＲＰ）の勧告線量である1ミリシーベルト以下にするこ

とを目標に行われているものだが、１ミリシーベルトを越えるエリアは実に２万平方キロ、気の遠くなるような範囲である。

その中で、とくに住民の住居区域である住宅、道路、学校、公園などの公共施設と住居から２０メートルまでの範囲の森林などを優先して除染している。「除染」とは放射線量や材質などに応じて

①　表土を削り取る（公園や学校のグランドなど）
②　高圧洗浄で洗い流す（道路、公共施設、住宅の屋根、外壁など、但し、屋根瓦などは1枚1枚拭き取るケースもある）
③　樹木などの伐採
④　枯葉などの掃き集め
⑤　下水汚泥などの除去

などである。

だが、「平地をいくら除染しても７０パーセントを占める森林を除染しなければ意味がない（住めない）」と不満を示す地区民は多い。その理由は、森林に堆積した放射性物質が風雨で生活圏に降りてくる、との懸念があるからである。結果として汚染地域に囲まれた生活になるという不安は消えないのだ。

除染作業にあたる作業員もまた５０ミリシーベルトの壁に阻まれ悪戦苦闘が続いている。加えて、除染作業状況が帰還者をより不安にさせている。

そして、最大の問題は放射性物質が付着した「指定廃棄物」の中間貯蔵と最終処分場の選定と整備である廃棄物は、それぞれの県内貯蔵が原則になっている。場所の選定はいずれの県も難航している。最も大量の汚染物を抱える福島県では事故現場に近い警戒区域内の大熊町と双葉町に計１６平方キロメートルの「中間

貯蔵施設」を整備し、除染で出た廃棄物を30年間保管する方針を固めている。全域が年間被爆線量50ミリシーベルト超の帰還困難区域内である。国は、数千人の地権者から土地を買収する方針だったが、「国有化されればそのまま最終処分場にされてしまう」との疑念から「地上権設定」（地権者の所有権を残したまま利用できる権利）方式を併用し、30年間の使用契約を結ぶ方針である。

そして、30年後に県外のどこかに最終処分をするというのだが、これを素直に受け止める人は少ないと思う。つまり、契約時の地権者、政治家の大半は30年後には引退かこの世に存在しない可能性が高いからだ。

つまり、これも次世代に「先送り」される案件のひとつになると考えていいだろう。

その廃棄物量はおよそ2800万立方メートル。街なかの空き地や農地、庭先の仮置き場に一時保管されている大量の汚染物を3年で搬入する予定だ。

すでに、仮置き場の確保ができずに除染作業がストップする、放射線量が高いために除染に着手できない、といった地区も存在するなど除染特別地域の将来には想像以上の厳しさが存在している。

これが原子力発電事故のもたらすひとつの後遺症である。そして、今後数十年に及ぶ廃炉作業の過程で再び事故が発生しないという保証もない。

この間、たとえ僅かなりとも長期間被爆した人たちの健康に問題を生じないことを祈るのみである。

甘い想定で造られた日本の原発

これまで日本の原子力に関する安全管理を担ってきたのは経済産業省内につくられていた「原子力安全・

保安院」である。いわば原子力発電所の建設を推進する親会社に対して、子会社である保安院がどれ程の厳しい規制管理ができていたのかである。

事故の起こった福島第1原発は運転開始からすでに40年経過した古い原子炉だが、建設当時およそ30メートルあった高台を削って地盤を造成している。この際問題だったのは地盤の高さである。つまり、チリ地震の際の津波高を唯一の根拠に、6・1メートルに設定したことだ。

そこに、3・11M9の地震が発生、実に15・5メートルの津波が押し寄せ大事故を発生させたのである。経産省と保安院の「馴れ合い」行政が生んだ「人災」たる所以を感じるのはその点である。この判断の甘さ、危機管理能力の欠如、実効性に乏しい原発規制が国民の不信を買い原発再稼働の大きなネックになっている。

いま、原子力安全・保安院はアメリカ型の独立した「原子力規制委員会」に引き継がれた。そして、再稼働申請のあった原発についての審議を行っており、すでに、九州電力川内原発が第1号認可を受けた。国は順次再稼働させるべく各電力会社を総動員して対応を急いでいるが、問題百出の福島原発事後の対応や、災害大国日本の現状を見るにつけ再稼働への不安除去は容易でないと思う。

また、地震や大津波対策だけではなく火山対策にも細心の配慮が求められる。例えば、鹿児島県の桜島から直線で45キロの位置にある川内原発の場合は火山灰問題がもうひとつの事故源になる可能性があるし、他の原発にも同様のケースが存在する。

このように、原発は安全の上にも安全でなければならない理由がある。万一にも第2の福島原発事故は絶対に許されないからである。

そのためには、関係自治体、地域住民の民意を問うことは勿論、場合によっては国民の原発再稼働に対する総意を問う場面があってもいいのではないだろうか。

ともあれ、国も原子力村と呼ばれた人たちも馴れ合い的甘い判断は二度と許されないことを肝に銘じて欲しいと思う。

おわりに

各章で収録した災害の想定値は、国の中央防災会議や県市の各防災機関、気象庁や官民の各研究機関から発表されたデータがベースになっている。

したがって、その多くは新聞やテレビなどを通じて報道されたものだが、国民の多くに防災意識が根づき命を守る「備え」の確立に役立っていたかどうかは疑わしい。

本書は、とくに国の機関が公表した「南海トラフ巨大地震・津波」と「首都直下巨大地震・火災」の両地震予測に焦点を当て、これに長期警戒監視体制に入った「富士山噴火」と、近年とみに増大しつつある局地的集中豪雨や土砂災害の元凶とされる異常気象の実態に目を向け、これに阪神淡路大震災と東日本大震災の教訓を踏まえて、「防災・減災」対策のあり方、とくに、「自助・共助」のあり方など「命を守る」ことの重要性を説いたつもりである。

改めて以下にそのポイントを述べる。

①巨大地震では建物や構造物の倒壊による圧死が多い。したがって、1981年以前に建てられた建造物については極力耐震診断を受け、補強工事を行うことがのぞましい。

②「南海トラフ巨大地震」は短時間で大津波が押し寄せる。「首都直下巨大地震」は全域で大火が発生し火災旋風が人々を襲う。したがって、事前に避難場所、避難ルート、家族間の連絡方法などを決めておく（自助）。

③最低でも1週間分の備蓄を行う。公助（自治体支援）やライフラインの復旧は1週間以内は期待できない

（自助）。

④巨大地震に備えて家具類の固定化を進める。また重量物は極力1階に降ろす（自助）。

⑤隣近所を中心に「助け合い運動（自主防災組織）に参加する（共助）。長野北部地震ではこの共助で多くの命が助かっている。

⑥防災訓練には積極的に参加する（共助）。

⑦宿泊可能な避難所は高齢者、病弱者、負傷者が優先となる。したがって、次善の方法を考えておく（共助）。

⑧市町村が策定したハザードマップなどで状況を認識し、常に自身や家族の命を守る防災意識を持ちつづけ万一に備える。

以上が主な注意点である。

また、勤務先で大震災に遭遇した場合を想定した対策も重要に考えておく必要がある。（東日本大震災時の帰宅難民化を生かした備え）

本編でも述べたとおり「南海トラフ」では東日本大震災の10数倍という規模と、3～10分以内に巨大津波が押し寄せることから、避難も1分1秒を競って逃げる必要が生じる。したがって、十分な訓練と準備が不可欠である。

一方、「首都直下」では交通パニックと都心部を取りまく環7～8沿いの大火災の発生が想定されており、身動きが取れなくなる可能性がある。とくに、住宅エリアでは避難先の選択が生死を分けることになるかも知れない。したがって、十分に事前調査をしておくことが大切になる。

最後に、「災害はわすれた頃にやってくる」月並みだが最も重い格言として心に留めて欲しいと思う。

イマジン出版㈱ならびにご協力を頂いた方々に深くお礼を申し上げたい。

２０１５年　冬

佐川　嘉久

著者略歴　佐川 嘉久（さがわ・よしひさ）

福島県生まれ　工学院大学建築学科卒　一級建築士・技術士
建築設計事務所、都市科学研究所所長を経て独立、まちづくりの研修・講演講師を実践

• 1995年～2006年　中小企業大学校東京校講師
• 2009年～2014年　千葉商科大学大学院客員教授
• NPO 法人　まちつくり技術情報システム理事長
• 国土交通省主催　中心市街地活性化魅力づくり委員会委員
• 経済産業省主催　街元気プロジェクト委員会委員など多数
• 著書　・西欧における「住宅・都市再開発の現状と動向」（共著）
　　　　・「東京山の手オピニオンの展開」（共著）
　　　　・「まち・地域再生への挑戦」（同友館出版）

現在・社会問題研究者として「多発する大災害と防災対策」「超少子・高齢社会問題」を中心に研究に取り組んでいる。

参考文献

1　気象庁・国土交通省・文部科学省などの防災に関する公表資料
2　国の有識者検討会議・中央防災会議などの公表資料
3　東京都および神奈川・山梨・静岡３県富士山火山防災協議会公表資料
4　官民研究機関および各大学の公表資料
5　新聞・テレビなどマスコミ報道資料
6　「日本の自然災害」（昭文社刊）
7　地方自治体のハザードマップその他の公表資料

巨大災害時代
災害列島日本の危機

発　行　2015年２月20日
著　者　佐川　嘉久©
発行人　片岡　幸三
印刷所　亜細亜印刷株式会社
発行所　**イマジン出版株式会社©**
〒112-0013　東京都文京区音羽1-5-8
TEL　03-3942-2520　FAX　03-3942-2623
http://www.imagine-j.co.jp/
ISBN978-4-87299-688-3　C0031　¥2000E